달을 보며
빵을 굽다

TSUKI WO MITE, PAN WO YAKU
by Kumi Tsukamoto

Korean translation copyright © 2019 by THE FOREST BOOK Publishing Co.
This Korean edition published by arrangement with Kanzen, Inc., Tokyo,
through HonnoKizuna, Inc., Tokyo, and EntersKorea Co., Ltd.

달을 보며 빵을 굽다

빵을 만드는 일 그리고 삶,
그 조화로움에 관한 이야기

쓰카모토 쿠미 지음 | 서현주 옮김

더숲

달의 주기에 맞춰 빵을 굽는다.
월령 0일에서 20일 사이가 빵을 만드는 시간이다.
달이 찰수록 발효가 빨라지기 때문이다.
자연의 힘에 따르면서 그것에 맞춰 빵을 굽는다.

월령 21일에서 28일 사이는
여행을 떠난다.
여행은 언제나 새로운 마음으로
빵을 만들게 하는 중요한 과정이다.
마치 우리 몸에 꼭 필요한 영양분과 같다.

단바丹波는 아름다운 구름바다雲海로 유명한 효고兵庫현의 작은 도시다. 겹겹이 산으로 둘러싸인 이 분지에 점포를 따로 두지 않고, 여행하는 빵집 '히요리 브롯HIYORI BROT'의 작업실이 있다.

2016년 10월 문을 연 히요리 브롯은 온라인 판매 전문 빵집이다. 단바에서 생산되는 풍부한 식재료에 전국의 생산자들이 직접 보내는 밀가루와 채소, 과일, 달걀, 우유를 더해 그 시기에만 맛볼 수 있는 재료로 만드는 맛있는 빵들을 선보인다. 물론 바게트나 식빵 같은 기본 상품도 히요리 브롯만의 레시피로 만들고 있다. 정성껏 구운 빵은 고유의 맛을 그대로 유지하는 급속 냉동 방식으로 포장해 전국의 고객들에게 배달한다.

7종류, 11종류, 14종류의 세 가지 세트가 있는데 언제나 기간 한정으로 판매한다. 이 때문에 그 시기를 놓치면 다시 맛보기 어려운 메뉴들이 대부분이다. 식재료가 가장 맛있는 때를 놓치지 않고 배송하는 것이 히요리 브롯의 원칙 중 하나다.

히요리 브롯은 '달의 주기'에 맞춰 빵을 굽는다. 음력 초하룻날에서 보름을 지나 5일간인 월령(月齡, 달이 차고 기우는 정도 - 옮긴이) 0일에서 20일 사이가 빵을 만드는 시간이다. 보름달이 뜨고 6일 후부터 다음 달 음력 초하룻날까지인 월령 21일에서 28일 사이는 그다음 빵을 만들기 위해 식재료를 찾는 여행을 떠난다.

그렇게 떠난 여행지에서 만난 사람들의 요청으로 전국 각지에서 빵을 직접 판매하는 이벤트에 참석하는 것도 빼먹지 않는 중요한 일이다. 내게는 시시각각 달라지는 생산자들과의 소통과 그곳에서 재배한 수확물과의 만남이 소중하다. 그렇기에 빵 만들 소재를 찾기 위한 식재료 여행은 절대 거를 수 없다.

나는 빵을 먹는 것보다도, 만드는 일이 훨씬 즐겁다. 게다가 워낙 싫증을 잘 느끼는 성격이라 항상 새로운 자극이 필요하다. 이런 내게 이 여행은 언제나 새로운 마음으로 빵을 만들게 하는 중요한 과정이다. 마치 우리 몸에 꼭 필요한 영양분과도 같다.

'이 재료로는 어떤 빵을 만들면 좋을까?'

머릿속에서 먼저 이미지를 그린다. 그러면 얼른 작업실로 돌아가 빵과 궁합을 맞춰보고 싶다. 난생처음 본 신기한 물건을 눈앞에 두고 설레는 마음으로 바라보는 어린아이처럼 그렇게 제빵사 자세가 되면, 이어지는 '빵 만드는 시간'에 온전히 집중할 수 있다.

나는 도쿄 세타가야의 베이커리 시니피앙 시니피에Signifiant Signifie에서 제빵 기술을 익혔다. 저온 장시간 발효라는 독자적인 제작 방식으로 일가를 이룬 시가 카츠에이 셰프 아래서, 아무 경험도 없는 신입 시절부터 제빵의 전 과정을 배웠다. 시가 셰프는 제빵업계에 종사하는 사람이라면 누구나 아는 빵의 거장이다. 그 독자적인 방식으로 제빵 분야의 이단아로 불리기도 한다.

대부분의 제빵사는 전문학교에서 기본적인 지식을 배우거나, 고등학교를 졸업하고 곧장 빵집에 취직해 현장에서 일을 하며 기초를 닦는다. 제대로 된 기술자로 성장하기까지 5~10년의 시간이 걸린다는 제빵사의 세계에서 나는 스물여섯 살이 되어서야 첫 도전을 시작했다. 졸업 후 3년간의 회사생활을 마친 후였다.

시가 셰프가 큰 결심을 한 덕에 뒤늦게 제빵사의 길을 걸을 수 있었다. 아무것도 모르는 나를 "어디 독립할 때까지 한번 키워보자."며 허락해준 것이다. 이후 운 좋게도 순조롭게 풀려 무사히 제빵 인생을 시작할 수 있었다.

그로부터 8년이 흘렀다. 식품의 보고寶庫라 불리는 효고현 단바 지역에 반해 히요리 브롯이 탄생했다. 빵집이라고 하면 점포를 갖추고 직원을 두는 경우가 일반적이다. 그러니 어떤 도움도 없이 온라인 판매라는 방식으로, 혼자 모든 것을 책임지는 이 도전이 매우 불안할 수밖에 없었다.

온라인으로 판매하다 보니 빵 가격 외에 약 12,000~13,000원의 배송비를 덧붙여야 했다. 또한 1인 경영에 재료를 찾는 여행까지 더하면 빵을 만드는 시간은 더욱 줄어들 수밖에 없었다. 그래서 고객에게 비싼 빵을 팔면서도 '언제 배송될지는 약속할 수 없습니다.'라는 조건을 붙여야 했다. 고객이 이러한 나의 가치관을 어디까지 받아들여줄 것인지도 모를 일이었다.

그렇지만 나는 장소와 시간에 구애받지 않고 만들고 싶은 빵을 만들며 이따금 여행을 떠나는 자유로운 작업 방식을 시도해

보고 싶었다. 해보지 않으면 알 수 없었다. 먼저 해보고서 안 되면 그때 가서 다시 생각하자는 마음으로 히요리 브롯은 첫걸음을 내딛었다.

현재 전국에는 히요리 브롯의 빵을 기다려주는 고객들이 많다. 행복한 일이다. 혼자서는 하루 14건의 배송처리가 한계라 5년 이상의 기다림을 감수하고 주문하는 고객들도 많다. 감사하면서도 참 면목이 없지만, 내가 할 수 있는 일은 하루하루 부지런히 빵을 만드는 것뿐이다.

히요리 브롯이 중요하게 생각하는 세 가지 가치가 있다. 바로 생산자와의 돈독한 인연, 사랑하는 단바에 대한 나의 진심 그리고 내가 빵을 만드는 의미다. 제빵사 쓰카모토 쿠미의 이러한 생각이 이 책을 통해 언제나 나의 빵을 기다려주는 고객들과 독자 여러분에게 전해지기를 바란다.

1장

장소에 상관없이
빵을 만든다

달을 보며 빵을 굽다

빵을 버리지 않는 빵집

'언젠가 독립해서 나만의 가게를 차려야지.'

7년 동안 근무한 시니피앙 시니피에 때부터 해온 결심이었다. 가게를 열기 전 내가 정해둔 원칙은 두 가지였다. 하나는 점포를 열지 않는다. 또 하나는 주문받은 후 빵을 만든다. 나는 되도록 홀가분하게, 가고 싶은 곳이나 만나고 싶은 사람이 있으면 언제라도 떠날 수 있는 환경에서 일하고 싶었다. 이것이 제빵사인 내가 가장 중요하게 생각하는 삶의 방식이었다.

나는 대학 시절부터 시간이 날 때마다 빵집 탐방을 다녔다. 일부러 먼 길을 마다 않고 찾은 가게가 휴무로 문을 닫은 안타까운 상황을 꽤 여러 번 경험하기도 했다. 한손에 지도를 들고 조용한 주택가를 걷다 드디어 도착한 가게가 임시휴무로 닫혀 있을 때 느꼈던 황망함이란……. 거기다 '모처럼 여기까지 왔는데!' 하는 실망감까지 더해지니 가게를 차린 이상 고객에 대한 예의는 지켜야 한다는 생각이 들었다. 최소한 주인의 기분에 따라 문을 열고 닫는 일은 없어야 한다는 나만의 원칙 말이다.

물론, 1년 내내 매일같이 가게 문을 여는 것도 정말 힘든 일이다. 훗날 결혼해서 아이를 가질 수도 있으니 내가 가게를 비워도 빵 만드는 일만큼은 꾸준하게 이어갈 수 있는 방법을 찾아야 했다.

더불어 빵을 만드는 과정에서 언제나 색다른 재미를 느낄 수 있도록 새로운 식재료를 찾아나서는 여행은 절대로 포기할 수 없었다. 미지의 재료를 찾아 전국의 생산자들을 직접 찾아다니는 정기적인 여행계획은 독립 전 이미 구상해두었다.

이렇게 해서 내린 결론이 점포 없이 빵을 만들어 파는 온라인 빵집이었다. 시니피앙 시니피에에 근무할 때 갓 구운 빵을 급속냉동해 전국의 개인 고객이나 음식점에 배송하는 일도 했는데, 매출의 일부는 이러한 판매 방식에서 나오고 있었다. 신선도를 유지하는 급속 냉동은 보통 고기나 생선을 배송할 때 사용하는 방법이다. 급속 냉동을 하면 갓 구운 빵이 세 시간 만에 꽁꽁 얼어 그날로 고객의 가정까지 배달된다. 매일같이 가게 문을 열고 고객을 위해 빵을 진열하지 않아도 가장 맛있는 빵을 최상의 상태로 전국 어디든 보낼 수 있다.

'이 방법이면 실제로 가게를 차리지 않아도 빵집을 열 수 있겠구나.'

온라인 빵집은 주문받은 분량만 만들어 팔기 때문에 버려지는 빵이 없다는 점도 매우 마음에 들었다. 가게에서 판매를 하면 팔다 남은 빵들이 나올 수밖에 없다. 정성스레 만든 빵이 누군가의 입에 들어가지도 못하고 버려져야 한다는 사실이 정말 가슴 아팠다.

특히 백화점이나 대규모 상업 시설 안에 있는 빵집에서는 마감 직전까지도 빵이 너무 많이 남는다. 그래서 고객들이 조금이라도 더 많이 사갈 수 있도록 빵을 가게 바깥쪽 매대에 늘어놓고 판다. 손님이 빵집에 왔는데 가게 안은 텅 비어 있고, 빵은 가게 바깥에 빼놓은 상황인 것이다. 밤이건 낮이건 있어서는 안 되는 일이라고 생각한다.

이렇게 해도 결국 다 팔리지 않아 매일 마감이 끝나고 많은 빵들이 폐기처분된다. 직원들이 남은 빵을 몇 개씩 집어가는데도 말이다. 물론, 완전 폐기보다는 가축의 먹이로 재활용하는 등 많은 빵집들이 낭비를 줄이기 위해 다양한 방법을 고민한다. 그렇지만 처리 방법이 문제가 아니다. 내가 만든 빵이 비닐 포대에 채워져 버려지는 모습은 아무리 봐도 익숙해지지 않는 장면이다. 이왕이면 내가 만든 모든 빵이 고객의 식탁에 놓였으면 하는 바람이었다.

'빵을 버리지 않으면서 계속 만들 수는 없을까?'

그렇게 고민하다 온라인 판매 방식이 나의 이상에 가깝다는 결론에 이르렀다. 만드는 과정을 마음껏 즐기고, 만들어진 모든 빵은 고객이 소비하여 단 하나의 빵도 남지 않는다. 이것이 바로 내가 꿈꾸는 제빵사의 모습이었다.

이상도 중요하지만 현실적으로 가게를 꾸준하게 운영할 수 있는 사업체로 키워내는 일도 중요했다. 하나의 빵이 나오기까지, 관련한 수많은 생산자들에게 골고루 수익이 돌아가는 가장 좋은 방법도 찾고 싶었다. 이것이 독립을 준비하는 내게 주어진 도전 과제들이었다.

달의 주기에 맞춰
빵을 굽다

히요리 브롯의 큰 특징 중 하나가 달의 주기에 따라 제빵 스케줄을 정한다는 점이다. 음력 초하룻날부터 보름을 지나 5일간 월령 0일에서 20일 사이는 빵을 만드는 시간이다. 보름달이 뜨고 6일 후부터 그다음 음력 초하룻날까지인 월령 21일에서 28일 사이는 빵을 만들지 않는다. 그 시간은 오롯이 생산자와 식재료와의 만남을 위해 여행길에 오른다.

달의 주기에 따라 파종과 수확을 하는 농사기법은 독일의 사상가 루돌프 슈타이너Rudolf Steiner가 창안한 바이오 다이내믹Biodynamic 농법(생명역동농법)으로 널리 알려져 있다. 쉽게 말해, 생산 시스템 자체가 생명체이고 인간 역시 그 생명체의 변화에 따라 생활하면서 풍요로운 삶을 만든다는 생각이다. 오가닉에서 한 단계 더 나아간 개념이라고 볼 수 있다.

이 농법은 시니피앙 시니피에에서 일하던 시절 독일에서 휴가를 보내며 처음으로 접하게 되었다. 당시 4일 동안 베를린 근교의 작은 빵집에서 기술을 전수받았는데, 이때 현지 제빵사들이 알려준 농법이다.

맷돌로 밀을 손수 제분하는 그 빵집에서는 완성된 밀가루를 잠시 쉬게 하는 과정을 반드시 거쳤다. 밀을 갈면서 생긴 마찰열로부터 효소의 작용이 활성화된다. 밀을 갈아 즉시 빵을 만들려고 해도, 이 상태면 글루텐이 잘 응고되지 않는다. 반죽이 흐물흐물하게 풀어지고 마는 것이다. 제대로 숙성시켜 효소의 작용을 누그러뜨리는 것이 빵 만들기의 기본이다. 그때 맷돌로 밀을 제분한 제빵사가 내게 처음 들어보는 이야기를 했다.

"오늘은 보름이니까 한 며칠은 밀가루를 이 상태로 둬야겠네요."

짧은 독일어와 영어 실력으로 간신히 의사소통을 하고 있던 터라, 배경지식이 없는 이야기를 나눌 때면 나는 도무지 이해할 수가 없었다.

"네? 왜요?"

"보름달이 뜨니까요."

"이유는 잘 모르겠지만 달에 맞춰서 하는 작업이라니, 참 근사하네요."

빵과 달 사이에 무슨 관계가 있는지 도무지 알 수 없던 나는 궁금증이 커졌다. 그 자리에서는 이해할 수 없었지만 베를린에 사는 친구로부터 뒤늦게 궁금증을 해결할 수 있었다. 월령을 기준으로 농작물을 재배하는 방법은 오래전부터 존재했고, 달의

달의 주기에 따른 작업 방식(2018년 4월)

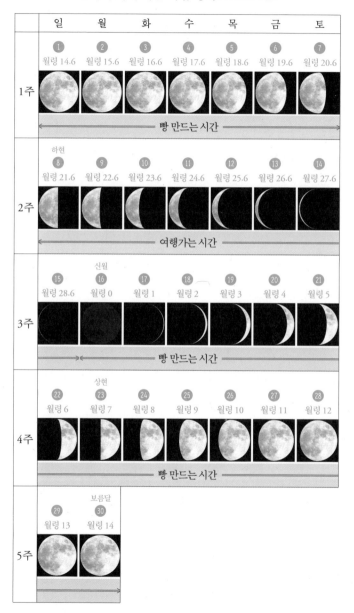

	일	월	화	수	목	금	토
1주	① 월령 14.6	② 월령 15.6	③ 월령 16.6	④ 월령 17.6	⑤ 월령 18.6	⑥ 월령 19.6	⑦ 월령 20.6
	◄─────────── 빵 만드는 시간 ───────────►						
2주	하현 ⑧ 월령 21.6	⑨ 월령 22.6	⑩ 월령 23.6	⑪ 월령 24.6	⑫ 월령 25.6	⑬ 월령 26.6	⑭ 월령 27.6
	◄─────────── 여행가는 시간 ───────────►						
3주	⑮ 월령 28.6	신월 ⑯ 월령 0	⑰ 월령 1	⑱ 월령 2	⑲ 월령 3	⑳ 월령 4	㉑ 월령 5
	◄─────────── 빵 만드는 시간 ───────────►						
4주	㉒ 월령 6	상현 ㉓ 월령 7	㉔ 월령 8	㉕ 월령 9	㉖ 월령 10	㉗ 월령 11	㉘ 월령 12
	◄─────────── 빵 만드는 시간 ───────────►						
5주	㉙ 월령 13	보름달 ㉚ 월령 14					

주기에 따라 발효의 진행 속도가 달라서 반죽의 숙성 시간에도 차이를 둔다는 것이었다.

달의 주기에 따라 빵을 만들기로 결심한 것은 이로부터 몇 년 후였다. 시니피앙 시니피에를 떠나 독립하기로 마음먹은 2015년 가을 무렵이었다. 뜻밖의 계기로 찾아간 시마네현의 세계유산 이와미 은광에서의 우연한 만남을 통해 히요리 브롯의 바탕이 되는 기본 콘셉트를 잡을 수 있었다.

스승인 시가 카츠에이 셰프 곁을 떠난 나는 다시 독일로 가서 제빵 기술을 배웠다. 그 후 쿠키 굽는 기술을 익히고자 도쿄 시내의 유명 제과점에서 근무를 시작했다. 그러나 상하관계가 엄격한 가게 분위기에 적응하지 못하고 불과 3개월 만에 그만두고 말았다.

그때만 해도 나는 빵과 쿠키를 함께 파는 가게를 차리고 싶었다. 그래서 새로운 수련생활을 시작하자며 의욕을 불태웠지만 이내 계획을 수정했다. 기술 수련은 이 정도로 끝내고 제빵사로 독립할 준비에 돌입했던 것이다. 도쿄 시내에 나만의 작업실을 마련하기 위해 가게 자리를 알아보고, 관련 업자들을 찾아다니며 조언을 들었다.

그러던 중 독일에서 유학한 동료 제빵사 히다카 코우사쿠 씨로부터 임시직원으로 가게 일을 도와달라는 연락을 받았다. 히다카 씨는 현재 유명 베이커리인 시마네현 오다시 배커라이 콘디토라이 히다카Bäckerei Konditorei Hidaka의 오너 셰프다. 친구의 친구였던 덕에 금세 친해져 시니피앙 시니피에 근무 시절부터 줄곧 연락을 주고받던 사이였다. 당시 가게를 연 지 얼마 되지 않아 눈코 뜰 새 없이 바쁜 그가 내게 갑작스런 제안을 해온 것이다.

"너무 바빠서 그러는데, 혹시 괜찮으면 좀 도와주지 않을래?"

"언제부터?"

"내일부터."

나는 곧장 오다시 이와미 은광으로 향했다. 그렇게 그의 작업실에서 빵을 만들게 되었다. 도쿄의 제과점을 그만둔 지 하루 뒤의 일이었다. 도쿄와 이와미 은광을 오가며 10월부터 12월까지 3개월 동안 히다카 씨와 함께 일했다. 이 생각지 않았던 만남이 히요리 브롯을 여는 데 있어 중요한 점들을 배울 수 있는 계기가 되었다.

이와미 은광에는 자연 소재를 활용한 의류와 소품, 침구 등을 만드는 라이프스타일 브랜드 군겐도群言堂가 있다. 군겐도는 이와미 은광에 사는 사람들의 생활방식을 '뿌리가 있는 삶'이라 여기며 생활 전반에 걸쳐 이러한 아이디어를 제안하는 회사다. 산에서 채취한 소재로 염색한 옷을 팔기도 하고, 회사 소유의 텃밭에서 직원들이 직접 수확한 식재료로 음식을 만들어 카페 메뉴로 올리기도 한다. 이와미 은광 주변의 자연을 담은 상품들을 만들고 판매한다.

하루는 히다카 씨와 함께 군겐도 사장인 마츠바 토미 씨와 식사할 기회가 있었다. 식사 도중 무심코 사장님이 이런 말을 했다.

"새로 여는 점포에서는 달의 주기에 따라 가게 형태를 바꿔볼까 해. 달이 차오를 때는 비즈니스 기간이라고 해서 상품을 판매하고, 달이 이지러질 때는 인풋 기간이라고 해서 이벤트나 워크숍을 개최하는 거지."

이미 독일에서 달의 주기에 관해 들었던 나는 깜짝 놀라 사장님에게 독일의 제빵사 이야기를 했다. 내 이야기에 흥미를 느낀 사장님은 관심을 보이며 내게 다가앉더니 이런 제안을 해왔다.

"자기네 빵집도 달의 주기에 맞춰 해보는 건 어때?"

달의 주기에 따른 빵집이라니. 나 혼자서는 상상도 하지 못할 정말 참신한 아이디어였다. 달이 찰수록 발효가 빨라진다는 옛 조상들의 지혜를 떠올리니, 자연의 힘을 거스르지 않고 따르면서 그에 맞춰 일하는 삶도 재미있겠다는 생각이 들었다.

아무 관련도 없던 수년 전 독일 제빵사의 이야기와 군겐도 사장님의 이야기가 더해지면서 뜻밖의 연결고리가 생겼다. 그리고 제빵사로 독립을 고민하는 내 눈앞에 슬며시 그 모습을 드러냈다. '이것도 하나의 힌트가 될 수 있겠구나.'

"한번 해 볼게요."

나는 설레는 마음으로 대답했다. 달을 보며 빵을 굽는 히요리브롯의 콘셉트는 이렇게 만들어졌다.

생산자와의 만남에서 새로운 조합이 탄생한다

빵도 만들고 식재료를 찾아 떠나는 여행도 하고 싶었던 내게 달의 주기에 맞춘 작업 방식은 딱 들어맞았다.

"지금은 음력 초하루라 빵을 만들지 않는 기간이에요."

태양력을 기준으로 일하는 사람들은 잘 이해하지 못할 사고 방식이었다.

이런 내 생각에 사람들은 대체로 어이없다는 반응이었다. "너에겐 너만의 시간의 흐름이 있으니까."라는 말로 이해하는 척했다. 그러면서도 표정은 무슨 말도 안 되는 소리냐고 말하고 있었다. 그렇지만 나는 배커라이 콘디토라이 히다카에서 일하면서 알게 된 한 농장과의 인연으로, 한 달에 3분의 1은 여행을 떠나

야겠다는 결심을 굳혔다. 이바라키현 히타치오오타시의 무나카타宗像 팜이라는 농장이었다. 히요리 브롯의 기본 상품인 바게트에 사용하는 유메카오리라는 100퍼센트 무농약 재배 밀을 생산하는 곳이었다. 도쿄에 살면서 소바집을 운영하는 친구가 초대해준 술자리에서 처음 만났다. 그 자리에는 치바현에서 소바집을 운영하는 스즈키 히로토미 씨도 있었는데, 그가 이런 부탁을 했다.

"우리 가게에 소바 재료를 납품하는 농장에서 이모작으로 밀을 수확했나 봐요. 빵으로 만들어도 좋을지 한번 만들어봐 줄래요?"

그 자리에서 건네받은 밀을 히다카 씨의 작업실로 가져가서 반죽에 섞어보았다. 밀 특유의 텁텁함이 전혀 없는, 깊은 풍미의 정말 맛있는 빵이 완성되었다.

"밀이 정말 맛있네요!"

메시지와 함께 완성된 빵을 농장에 보냈더니 매우 기뻐했다. 그러더니 얼마 후에는 "이번엔 유자를 많이 재배해서요. 빵에 꼭 사용해주세요."라며 히다카 씨 가게로 유자가 잔뜩 배달되어왔다. 손질해서 반죽에 넣어 구웠더니 쌉쌀하면서도 향기가 일품인 빵이 완성되었다. 가게에 내놓자 바로 매진될 정도로 반응이 좋았다.

생산자가 직접 보내는 식재료의 신선함을 최대한 살려 빵으로 만드는 일은 내게 신선한 자극이었다. 보내준 식재료를 빵으로 만들어서 다시 돌려주는 '물물교환'을 계속 이어가면서, 나는 어느새 생산자들이 진심으로 가족처럼 느껴졌다.

그 후로 나는 무나카타 팜에 종종 들러 유자 수확과 밀 파종을 돕는다. 맛있는 빵을 만들기 위해 생산자를 찾아가 일을 돕고, 직접 맛을 경험했다.

'생산자와 만나고 그 만남에서 새로운 조합이 탄생한다.'

히요리 브롯의 제빵 철학은 무나카타 팜과의 교류를 통해 얻은 교훈이었다. 또한 그렇게 받은 식재료를 바로 빵으로 만들 수 있게 한 히다카 씨의 작업실 덕에 '여행하는 빵집'이라는 내 작업 방식의 밑그림을 구체적으로 그릴 수 있었다.

어느 한 사람이 다른 누군가를 데려와 인연이 만들어진다. 그렇게 혼자서는 불가능한 아이디어와 작업 방식에 대한 힌트가 하나씩 차례로 채워졌다. 나는 누군가 무심코 내던진 한마디를 그냥 흘려듣지 않았다.

'그거 좋네.'

'한번 해볼까?'

다른 사람들의 조언을 하나씩 내 것으로 만들면서 히요리 브롯의 토대가 조금씩 쌓여갔다.

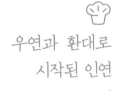

우연과 환대로
시작된 인연

|

　단바의 논과 밭이 드넓게 펼쳐진 분지에 히요리 브롯의 작업
실이 자리하고 있다. 산으로 둘러싸인 주변을 차로 10분 정도
달리면, 매일 아침 산 정상에서 환상적인 구름바다를 내려다볼
수 있다.

　시니피앙 시니피에를 그만두고 1년쯤 지났을 때의 일이었다.
단바에서 제빵사가 되기로 결심했다고 하자, 도쿄의 동료들과
지인 업자들 그리고 친한 친구들까지 모두 내게 이렇게 물었다.

　"도대체 왜 단바야?"

　단바에는 특별한 인연도, 연고도 아무것도 없었으니 당연한
반응이었다. 그러나 단바로 이사해 독립하겠다는 결정에 그 누
구보다도 놀란 사람은 나였다.

　나는 단바의 카페 마노cafe ma-no 주인이자 바리스타인 기타 신
야 씨 덕에 이곳과 인연을 맺었다. 기타 씨는 시니피앙 시니피에
맞은편의 노지 커피NOZY COFFEE라는 로스터리 카페에서 원두를
매입하던 단골 고객이었다. 노지 커피 직원의 소개로 기타 씨와

페이스북 친구가 되었는데, 그의 글에서 식재료에 대한 범상치 않은 철학을 엿볼 수 있었다.

어느 날 페이스북에 "단바 근처의 농장주가 주신 유자로 유자 필peel을 만들어봤습니다."라는 기타 씨의 글이 올라왔다. "멋지네요! 사장님께 직접 받은 유자라니, 좋으시겠어요."나는 감탄하며 댓글을 남겼고, 댓글을 본 그가 유자 필을 내게 보내왔다. 너무나 기뻤던 나는 유자 필로 빵을 만들어 그에게 다시 보냈다.

그때부터 단바의 식재료와 빵 사이의 '음식 펜팔'이 시작되었다. 그렇게 기타 씨와 음식 펜팔을 이어가면서, 직접 만나보고 싶다고 생각했다. 카페 마노의 카푸치노 맛은 어떨지 궁금하기도 해서 꼭 한번 들러야겠다고 결심했다.

내가 처음 단바를 찾은 것은 2014년 9월이었다. 시니피앙 시니피에에 짧은 휴가를 내고, 이번 기회에 전국일주나 훌쩍 다녀와야겠다고 마음먹었다. 청춘18티켓(JR노선의 일반 및 급행열차 한정의 자유 승하차가 가능한 승차권-옮긴이)을 끊어 서일본 지역을 여행할 참이었다.

목적지는 시마네현의 쓰와노정과 단바시였다. 제빵사가 되기 전 함께 회사생활을 했던 동료가 쓰와노에서 지역 활성화를 위해 도시의 대학생들을 초대해서 1년 동안 지방유학을 경험하게 하는 프로젝트를 진행하고 있었다. 나는 그의 활동을 보면서 에너지도 충전하고, 도쿄로 돌아가는 길에 잠깐 단바에 들러 카페 마노를 찾을 계획이었다.

그 카페 마노에서의 만남이 히요리 브롯으로 이어지는 소중한 인연들을 만들어주었다. 이제 카페 마노는 내게 마음 편히 쉴 수 있는 고향이자, 만남의 광장이다. 바 테이블에 앉아서 항상 주문하는 카푸치노를 마시며 한숨 돌리고 있으면 주인장이 말을 건네온다.

"그 농장 사장님 만나봤어요? 재배하는 채소가 엄청 좋아. 나중에 꼭 소개할게요."

이렇게 다리를 놓아주어 연고도 없는 곳에서 지인들이 늘어났다. 처음 단바를 방문한 나를 기쁘게 맞아준 기타 씨가 내게 가장 먼저 소개한 사람은 카페의 여직원 모치도메 메구미 씨였다. 그녀는 더치 오븐으로 캄파뉴를 굽는 베이킹 마니아다. 도쿄에서 일하는 제빵사라고 나를 소개하자, 빵 굽는 모습을 꼭 보고 싶다고 했다. 우리는 첫 만남부터 빵에 대한 이야기를 한보따리 풀어내며 즐거운 시간을 보냈다. 돌아오는 길에 "다음에는 같이 빵을 굽자."라고 약속하며 다시 단바를 찾기로 했다.

그 후로 9개월쯤 지나 다시 카페 마노를 찾았다. 이번에는 기타 씨가 단바의 젊은 농업인과 낙농업인, 사케 주조 견습생인 친구들을 불러 모아 회식자리를 마련해주었다. 식품의 보고라 불

작업실에서 보이는 단바의 풍경.

특별한 인연도, 연고도 없는

단바의 시골에 히요리 브롯이

문을 열었다.

리는 단바는 교토, 오사카, 고베, 히메지 등의 도시에서 차로 한 시간 반 정도 떨어진 곳에 있다. 신선식품의 생산지라서 배달이 쉽고, 분지에서만 볼 수 있는 낮과 밤의 큰 일교차 덕분에 맛있는 채소와 쌀 생산지로 유명한 곳이다.

회식자리에서 만난 한 농장주가 "빵 만드실 거면 내일 아침에 직접 채소 따러 올래요?"라며 나를 초대했다. 사양하지 않고 아침 일찍 초대받은 밭으로 가서 내 손으로 직접 딴 채소를 넣은 치아바타를 메구미 씨와 함께 만들었다. 그 지역에서 수확한 채소로 빵을 만든 것은 태어나서 처음이었다.

우리의 만남은 단순히 빵 만들기로 끝나지 않았다. 카페 마노의 가게 한쪽 공간에 빵을 진열하고 그날 한정으로 즉석 빵 이벤트까지 열었다. 주민들이 단바의 채소를 넣어 만든 따끈따끈한 빵을 사러 와서 맛있게 먹는 모습을 나는 지금도 잊을 수 없다.

내가 만든 빵이 나와 그 지역 그리고 주민들과의 단 한 번뿐인 만남을 만들었다. 이 특별한 경험은 내게 깊은 인상을 남겼고, 단바 주민들의 환대에도 완전히 반해버렸다.

다음에도 같이 이벤트를 열자는 약속을 지키기 위해 나는 다시 단바로 향했다.

카푸치노를 내리는 카페 마노의 주인 기타 씨.

기타 씨는 여러 소중한 생산자들을 만나게 해주었다.

도쿄 말고 단바,
결심을 실천으로 바꾼 절묘한 타이밍

히다카 셰프의 배커라이 콘디토라이 히다카가 문 연 지 3개월이 지난 2015년 12월 말 무렵이었다. 가게가 조금씩 안정을 찾기 시작해 나는 오다시에서의 임시직원 생활을 정리하고 도쿄로 돌아가는 길이었다. 그러다 갑자기 많은 친구들이 기다리는 단바에 가고 싶어서 중간에 내리기로 했다.

한 해를 마무리하고 시골 고향집에 돌아온 기분으로 카페 마노의 문을 열자, 주인인 기타 씨가 마중을 나왔다. "이번 연말연시에도 여기서 빵 파티를 열자."라며 나를 반겼다. 결국, 도쿄로 돌아가는 길에 잠시 들르려고 했던 단바에서 며칠 느긋하게 있다 가기로 했다.

페이스북에 "지금 단바에 있는데, 어디 묵을만한 곳 없을까요?"라는 글을 올렸더니 "우리 셰어하우스가 비었으니 있고 싶은 만큼 묵어요."라며 댓글을 달아준 고마운 사람이 나타났다. 셰어하우스 주인이자 당시 단바 시의회 의원이었던 요코타 이타루 씨였다. 사실 이타루 씨도 내가 제빵사가 되기 전에 일했던 리쿠르트라는 회사에서 근무한 경험이 있던 분이었다. 게다가 쓰와노에서 일하는 내 동료와도 잘 아는 사이였다. 이전에 그 친구에게 "단바에 가면 이타루를 만나 봐."라는 이야기를 들은 적이 있었다. 이것도 인연인가 싶어 감사히 그의 호의에 응하기로 했다.

셰어하우스에서 느긋하게 생활하다 보니 마치 이 지역에서 오래 살았던 사람처럼 마음이 편안해졌다. 결국 나는 계획에 없던 단바에서 새해를 맞았고, 새해 첫날부터 빵을 굽고 있었다. 이렇게 이곳저곳 돌아다니는 생활도 꽤 괜찮은 것 같다는 생각을 하던 참이었다. 그러던 중 나는 카페 마노에 빵을 사러온 한 고객으로부터 깜짝 놀랄 만한 제안을 받았다.

"자네 빵 정말 맛있던데. 앞으로 여기서 계속 빵을 구워보는 건 어때? 우리 집 뒤쪽에 빈 창고가 하나 있거든. 거기를 작업실로 개조해서 빵집을 여는 거야."

이사하겠다는 말도, 빵집을 차리겠다는 말도 하지 않았다. 아무 말 없이 멍하니 있는 나를 두고 기타 씨와 요코타 씨, 두 사람이서 이런 이야기를 주고받았다.

"그럼 이대로 계속 셰어하우스에서 생활하면 되겠네."

사실 슬슬 독립해야겠다고 마음먹고 있던 시기였다. 도쿄에 빵집을 차리려고 벌써 부동산 가계약도 해둔 상태였다. 친구들도 많고, 이미 알고 지내는 관계자들도 많은 도쿄에서 독립하는 쪽이 좋을 거라고 생각했다. 이런 내 생각이 단바 친구들의 강한 권유에 조금씩 흔들리기 시작했다.

단바에 작업실도 생겼고, 생활할 수 있는 집도 있다. 신선한 식재료를 주문할 수 있는 생산자도 있고, 내가 직접 채소를 따러 갈 수 있는 주변 환경까지 갖춰졌다.

어차피 나는 온라인 판매를 할 것이니 빵을 어디에서 만드는지는 상관없었다. 독립을 향한 퍼즐을 한 조각씩 맞춰가면서, 단바가 어쩌면 내가 그리던 이상적인 환경에 가까울지도 모르겠다는 생각이 들었다. 독립을 위한 계획을 실천으로 옮기려는 순간에 맞춰진 단바 이사라는 퍼즐 조각. 나는 바로 지금이 움직여야 할 타이밍이라고 직감했다.

카페 마노에서 새해맞이 빵 이벤트를 끝내고 도쿄로 돌아오던 날, 다음에는 이삿짐을 들고 오겠다고 인사하며 단바의 친구들에게 손을 흔들었다.

그로부터 2개월이 지난 2016년 3월에 나는 정말 단바로 이사를 했다.

도쿄가 아닌 단바로의 이사와

개업의 계기를 마련해준 카페 마노는

내게 편히 쉴 수 있는 고향이자,

만남의 광장이다.

cafe ma-no

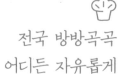

전국 방방곡곡
어디든 자유롭게

단바로의 이사가 일생일대의 결심쯤으로 보일지도 모르지만, 사실 내게는 그저 옆 동네로 이사하는 정도에 지나지 않았다. 어려서부터 전국으로 전근을 다닌 회사원 아버지 덕에 가족 모두가 여기저기 자주 집을 옮겨 다녔고, 그래서인지 나는 사는 장소가 바뀌는 데에 큰 거부감이 없었다.

어차피 온라인 빵집이니, 지역에 얽매이지 말고 마음 바뀌면 다른 곳으로 옮기자고 가볍게 생각했다. 결혼과 육아, 부모님의 병간호 등등, 앞으로 내 인생에 어떤 일이 벌어질지는 아무도 모른다.

그렇지만 내 인생에서 가장 젊은 날은 바로 오늘이다. 개업 문제로 고민하고 있을 바에야, 차라리 저질러보고 아니다 싶으면 진로를 수정하는 쪽으로 생각이 기울었다. 그래서 주변 환경은 최대한 자유롭게, 단순하게 만들기로 했다. 누군가에게는 안이해 보일 수도 있는 마음으로 나는 서둘러 이사 준비를 했다.

도쿄에 있는 친구들과 자주 만나지 못하는 것은 아쉬웠다. 그렇지만 30대가 되면 사는 모습도 제각각 달라진다. 도쿄에 산다고 해서 매일 친구들을 만날 수 있는 것도 아니다. 보고 싶은 사람이라면 그 사람이 어디에 있든, 시간과 노력을 들여서라도 만나러 가면 된다. 나는 단바에 와서 물리적 거리가 장해가 되지 않는다는 사실을 새삼 느꼈다.

창고를 쓰라고 허락해준 집주인 야마시타 류야 씨가 다음에 내가 돌아올 때까지 공사 준비를 해 놓겠다고 웃으며 말했다. 농업용 창고처럼 생긴 건물에서 철골만 남기고 작업실로 개조하는 데까지 꽤 시간이 걸려서 이사하고 반년 후인 2016년 10월에야 히요리 브롯의 문을 열 수 있었다.

야마시타 씨는 젤라또 가게를 운영하고 있었다. 덕분에 정말 운 좋게도, 쓰지 않는 대형 냉장고와 싱크대같이 빵 만드는 작업실에 꼭 필요한 물품들이 가득한 창고를 얻을 수 있었다.

전국 방방곡곡으로 식재료 여행을 떠날 때 함께할 애마까지 얻었다. 야마시타 씨가 사용하지 않아서 창고에 보관하고 있었다는 이 차는 붉은 팥 색깔의 귀여운 얼굴을 하고 있었다. 자동차 색깔과도 잘 어울리는 '아즈키(팥) 짱'이라는 애칭까지 붙었다. 아담한 겉모습과 달리 내부공간이 꽤 넓어서 빵을 한가득 실을 수 있을 듯했다. 전국으로 빵 판매 이벤트를 떠날 때 이만한 차가 없었다. 차를 바라보던 내 마음을 눈치챈 야마시타 씨가

물품 가득한 창고와 여행을
떠날 때 함께할 애마까지
기분 좋게 건네준 야마시타 씨.
그 덕분에 나는 단바에서
자유롭게 빵을 만들고,
전국으로 식재료 여행을
떠날 수 있게 되었다.

"너, 차도 탐나는구나!"라며 내게 본인의 비장의 무기를 기분 좋게 양도해줬다.

'맛있는 행복'은 모두와 나눈다

히요리 브롯이 선보이는 빵은 7종류(약 36,000원), 11종류(약 60,000원), 14종류(약 80,000원)로 구성된 세트 메뉴로 이루어진다. 바게트나 식빵 같은 기본 메뉴 외에도 제철에 주문한 신선한 재료를 넣고 만든 빵을 급속 냉동해 고객에게 배송한다.

레시피는 빵을 만드는 시기에 따라 다르다. 정기적으로 식재료를 주문해서 기본 메뉴가 되는 빵도 있지만, 준비된 재료의 분량만큼만 한정 수량으로 판매하는 빵도 많다. 나는 식재료의 맛을 최상으로 끌어내기 위해 매일 머리를 싸매고 연구해서, 세상에 단 하나뿐인 빵을 만든다. 내게는 빵 하나하나가 모두 자식과도 같다. 히요리 브롯의 메뉴로 내놓지 않아도, 맛있는 빵을 만들었다는 행복감을 더 많은 사람들과 공유하고 싶었다. 그래서 빵의 레시피를 아직 일부이긴 하지만, 인터넷상에 공개했다.

존경하는 프랑스 화가 토미 웅거러Tomi Ungerer의 작품 중 내가 가장 좋아하는 그의 대표작『세 강도The three robbers』는 그림 동화다. 그 책에서는 검은색 배경이 많이 등장한다. 깊고 진한 검은색은 보이지 않는 저 너머에 상상의 세계가 끝없이 펼쳐져 있는 듯한 느낌을 준다. 히요리 브롯 홈페이지에서 표현한 밤의 세계도 이 그림책의 이미지를 모티브로 삼았다.

토미 웅거러는 자신의 작품 대부분을 고향인 프랑스 알자스 지방 스트라스부르의 미술관에 기증했다. 자신의 작품을 보려면 일부러 미술관까지 찾아가야 하지만, 웅거러는 이렇게 말했다고 한다.

"혼자만 끌어안고 있는 것보다는 우리 모두의 재산으로 공개해서 많은 사람과 같이 즐기는 편이 더 좋지 않습니까?"(〈예술신조〉 2009년 8월호)

나는 이 구절을 읽고 엄청난 감동을 받았다. 마치 내게 보내는 메시지 같았다. 내가 평생 동안 빵을 굽는다고 해도 사실 양으로 따진다면 얼마 되지 않는다. 전국의 생산자들이 보내는 다양한 식재료들이 내 작업실로 온다. 그 시기에만 수확하는 재료를 넣어서 만든 한정판 빵들도 많을 수밖에 없다. 그렇지만 재료의 양에도 한계가 있고, 결정적으로 빵을 만들어서 배송까지

도맡아 하는 1인 경영을 하고 있기 때문에 하루 14건의 주문 밖에는 처리하지 못한다. 진짜 맛있는 레시피의 탄생이라고 할 만한 새로운 조합을 발견하고 혼자 환호성을 질러도, 한동안 혹은 두 번 다시 만들 수 없거나 전국에서 몇 사람밖에 맛보지 못하는 경우가 많다.

레시피를 공개하면 많은 사람이 히요리 브롯의 빵을 '내 손으로 직접 만드는 과정'까지 즐길 수 있다. 완전히 똑같은 빵이 아니어도 좋다. 레시피에서 힌트를 얻어 자신이 사는 지역에서만 나는 재료를 응용하면, 또 다른 맛있는 빵이 탄생할 수도 있다. 내가 만든 맛있는 행복이 내가 모르는 곳까지 널리 전해진다. 매일 새로운 빵을 만드는 제빵사로서 이보다 기쁜 일은 없다.

여담이지만, 나는 그림 동화책을 정말 좋아한다. 우리 집에는 내가 좋아하는 동화책으로 꾸민 폐교한 초등학교에서 사용했던 책장이 있다. 나중에 보니까 내가 수집한 그림 동화책에는 하나같이 '달'이 등장한다. 달을 보며 빵을 굽는, 지금의 생활이 혹시 필연인 것인가 싶어 혼자 깜짝 놀랐던 적이 있었다.

2장

먹는 사람에서
만드는 사람으로

달을 보며 빵을 굽다

다른 사람이 소비했을 때
비로소 생기는 가치

나는 사회인이 되기 전까지 단 한 번도 제빵사가 되고 싶다는 생각을 해본 적이 없었다. 평소 빵을 좋아하냐는 질문을 많이 받지만, 사실 밥을 더 좋아한다. 음식에 관심이 많은 것도 아니었고, 매일 빵을 먹으면서 살고 싶다는 바람 같은 것도 없었다.

나는 제조업 관련 회사에서 회사원으로 근무한 아버지와 전업주부인 어머니로 이뤄진 가정에서 지극히 평범하게 자랐다. 아침식사로 식탁에 올라온 빵은 유명 제빵업체에서 만든 평범한 식빵이었다. 우리 집은 내가 제빵사가 될 만한 가정환경은 딱히 아니었다.

그러나 이제 내게 빵은 만드는 즐거움을 만끽하게 하는 최고의 실험 대상이다. 아무리 많이 만들어도 반드시 어디론가 사라지는 사랑스러운 존재다.

빵을 만드는 일은 창조 그 자체다. 재료를 조합하는 방식도 한두 가지가 아니다. '이 채소를 이런 식으로 손질해 넣어 빵을 만들면 어떤 맛이 날까?' 머릿속으로 상상의 나래를 펼치며 빵을 만든다. 이렇게 만든 빵이 매일 누군가의 식탁에 올라 주식이 되고 맛있는 시간을 연출한다. 이보다 멋진 일이 또 있을까?

손재주가 좋았던 어머니는 요리든 소품이든, 만들 수 있는 것은 무엇이든 뚝딱 만들어내는 분이었다. 그 손재주를 살려 집안일을 하면서 남는 시간에는 부업으로 자수 작품을 만들어 수예점에 팔곤 했다. 완성하면 즉시 가게에 납품해버려서 정작 소장하고 있는 작품은 하나도 없다.

"많이 만들어서 다 없어지는 게 좋은 거야. 내가 만든 물건은 다른 사람에게 가야 비로소 가치가 생기는 거란다."

어머니는 항상 이렇게 말했다. 만드는 과정을 진심으로 즐기던 어머니의 모습에서 조금은 영향받은 것 같다. 철이 들면서 나는 만들기에 강한 관심을 보였다. 나는 초등학생 때 NHK의 〈수

제작 일본手仕事にっぽん〉이라는 프로그램을 정말 좋아했다. 10분짜리 방송이었지만, 일본 전국의 다양한 장인들이 등장해 그들의 기술을 자세하게 보여주는 내용이었다. 어린 나이에도 만들기의 심오함이 어떠한 것인지 알 수 있을 것만 같았다. 한번은 방송에 대나무로 귀이개를 만드는 장인이 나왔다. 둥그스름하면서도 오목함이 돋보이는 귀이개 끝을 완성해가는 손놀림에 나는 완전히 반해버렸다.

그 매력에 빠진 내가 인생 처음으로 꿈꾸었던 장래희망이 귀이개 장인이었다. 서양 인형의 유리 눈알을 만드는 장인도 동경의 대상이었다. 부자父子가 같은 분야의 기술자였는데, 방송에서 아버지와 아들이 만든 유리알의 완성도가 너무 달라서 정말 놀랐던 기억이 있다. 아버지는 완벽한 매끈함을 자랑했지만 아들은 다소 울퉁불퉁한 모양새였다.

'세월이 만든 기술이란 건 참 대단한 거구나!'

한동안은 나도 유리 눈알을 만들겠다고 결심했다. 그 후로도 '대목장이나 오트쿠튀르(고급 맞춤복) 재봉사도 괜찮지 않을까?' 하며 혼자만의 상상 속에 빠져 살았다. '만들기'가 끌리기는 했지만 '무엇을 만들지'는 정하지 못한 채 그렇게 시간이 흘렀다.

빵을 만드는
사람의 마음

|

　도쿄에 있는 대학에 진학하고 나서야 제빵사가 되는 데 결정
적인 역할을 한 사건을 경험했다. 나중에 꼭 제빵사가 되겠다는
확고한 꿈을 가진 가스야 카요코라는 친구와 만나게 된 것이다.
현재 그 친구는 치바현 소데가우라시의 베이커리 카페, 브레드
앤드 커피 모모스Bread&Coffee MORMORS에서 매일 빵을 만든다.

　카요코와는 독일어 수업을 들으면서 친해졌는데 쉬는 날 놀
러가자고 하면 그 친구는 항상 "빵집 탐방할래?"라고 되물었다.
꼭 해보고 싶은 것이 없던 나는 친구가 가자는 도쿄 시내 빵집
들을 함께 찾아다니며 여러 종류의 빵을 먹었다. 사실 그때 내가
좋아한 것은, 빵보다는 빵에 대한 그 친구의 엄청난 열정이었다.
초등학생 때 텔레비전에 나오던 장인의 모습에 반했듯, 뭔가에
몰입해서 행동하는 사람을 동경했던 것 같다.

　친구와 함께 여러 가게를 돌아보면서 나는 단순히 '빵집'이라
는 말로는 다 설명할 수 없는 다양한 매력에 눈떴다. 가게 외관
뿐만 아니라 내부 인테리어, 빵 메뉴와 모양까지 가지각색이었

다. 가게에 들어가서 빵을 고르며 '여기 빵집 주인은 어떤 사람일까?' 하고 상상하는 것이 즐거웠다.

파리의 거리를 연상시키는 멋진 입간판이 세워진 가게로 들어가자, 프랑스에서 가져온 것처럼 보이는 근사한 소품들이 즐비했다. '프랑스에서 제빵 공부를 한 사람인가 봐.' 혼자만의 상상을 펼쳤다. 한편 꾸미지 않은 가게에서 소박하지만 맛있는 핫도그 빵이나 야키소바 빵을 먹다 보면 '분명히 정직해 보이는 아저씨가 굽고 있을 거야.' 하고 제빵사의 외모와 분위기까지 그려보곤 했다. 조용한 주택가에 있는 빵집에 들어가서 왜 이 동네에 가게를 냈는지, 어떤 손님들이 빵을 사러 오는지 혼자 빵 하나에 얽힌 다양한 인생 스토리를 써 내려가기도 했다.

'누가 어떤 마음으로 이 빵을 만들었을까?'

이런 생각을 하면서 먹어보니 그제야 만들기의 대상으로 빵에 관심이 생기기 시작했다. 바쁘지 않던 대학 시절에 생긴, 시간 날 때마다 빵집을 탐방하는 취미생활은 사회인이 된 후에도 이어졌다. 그리고 이 생활이 제빵사의 길로 안내하는 나침반과 같은 역할을 했다.

인생에서 선택한
제빵이라는 일

대학교 3학년 겨울이 다가오자 친구들은 모두 취업활동에 들어갔다. 나는 뭔가 괜찮은 걸 만들어보고 싶다는 막연한 생각만 가지고 있었을 뿐, 뚜렷하게 어떤 일을 해야 할지는 정하지 못하고 있었다.

다양한 기업과 업종을 둘러볼 수 있는 기회는 그나마 지금밖에 없겠구나 싶어서 취업정보를 모으기 시작했다. 그런데 발동이 너무 늦게 걸린 탓인지 대부분의 1차 채용설명회가 끝나가는 상황이었다. 이왕 이렇게 되었으니 나의 흥미와 관심사에 맞는 회사에 들어가자는 마음으로 몇몇 제조회사를 골라 입사지원을 했다. 화장실제조업체와 자동차부품제조업체, 카메라제조업체였다.

특히 화장실제조업체는 세계가 인정하는 대단한 기술력을 자랑하는 회사였다. 그만큼 갈수록 관심이 커졌다. 대학교 4학년 봄에는 화장실제조 쪽으로 진로에 대한 결심을 굳히기도 했다. 그러던 어느 날 흥미로운 TV광고와 책자에 이끌려 재미삼아 지원해보고 싶은 회사가 나타났다. 훗날 내가 입사하게 되는 주식회사 리쿠르트였다(입사 당시의 회사명으로 2012년에 분사했다).

집요하다 싶을 정도로 여러 차례에 걸쳐 이루어진 리쿠르트 면접에서 나는 일본의 화장실제조 기술에 대해 끊임없이 이야기했다. 시종일관 열변을 토하는 학생의 이야기를 끝까지 참고 들어준 면접관의 넓은 아량에 감동받을 정도였다. '왠지 이곳 사람들과 함께 일하면 재미있을 것 같은데?'라는 생각이 들면서 조금씩 마음이 움직였다.

그렇게 입사한 리쿠르트에서 처음 소속된 부서는 인사채용을 관리하는 HR 사업부였다(현재는 주식회사 '리쿠르트 커리어'다). 입사하고 반년 정도는 채용광고를 판매하는 영업일을 담당했고, 이후 3년쯤 이직정보지의 상품기획을 맡았다. 사회를 구성하는 다양한 업종과 업무내용을 접하면서 앞으로 어떤 일에 열정을 쏟아야 할지를 고민해보는 귀중한 시간이었다.

입사 후 반년 동안은 지금까지 계약을 맺지 않은 고객에게 어필하여 신규계약을 따오는 영업일을 했다. 사회를 배울 수 있는 기회라는 생각으로 그동안 관심 있던 회사에 모조리 전화를 돌렸다. 결론부터 말하자면, 이미 기술을 갖춘 프로들(건축사무소, 목수 등)의 채용 요청밖에는 건지지 못했다. 성과를 크게 내지는 못했어도 세상에는 참 재미난 직업이 많다는 사실을 새삼 깨달으며 뿌듯한 마음으로 일했는데, 반년 후에 인사이동이 있었다. 내 적성에 영업일은 안 맞는 건가 싶은 마음에 조금 의기소침했다.

이어서 맡은 일은 이직정보지의 상품기획이었다. 사회 전반적인 이직 시장의 움직임을 주시하며 특집기획을 만들고, 영업담당자가 이 기획을 판매할 수 있도록 설명하는 일이었다. 늘 프레젠테이션 때문에 회사 안을 정신없이 뛰어다녔다. 기업의 경영자나 인사 담당자가 보고 '이렇게 매력적인 특집 페이지에는 구인광고를 내도 괜찮겠다.'라고 느낄 정도의 기획을 만들어야 했다. 그렇지 않으면 담당자가 영업을 할 때 확신이 서지 않는다. 이직을 생각하는 독자가 원하는 정보가 무엇일지를 계속 고민하면서 모든 직업 분야의 이직 시장과 그 사례를 살펴보았다.

지금 생각하면 내가 직업을 선택하는 데 있어서 이때가 가장 많은 도움을 받은 시기였다. 일을 시작한 지 얼마 되지 않아 '내가 진정으로 하고 싶은 일은 무엇인지'를 찾아가던 1년차 직장인일 때 나는 우리 사회를 구성하는 다양한 직업 샘플들과 만날 수 있었다. 인생의 큰 부분을 차지하는 '일'이라는 분야에서 무엇을 추구할지 진지하게 생각해 볼 수 있었다. 사회인으로서는 운 좋은 출발을 했다고 생각한다.

리쿠르트 근무 시절의 나
(사진 가장 왼쪽).

다양한 직업을 알아가면서
인생에 있어 일이란 무엇이고
일에서 어떤 가치를 추구해야 할지
제대로 고민해볼 수 있었다.

대학 시절 친구의 영향으로 즐기게 된 빵집 탐방은 사회인이
된 후에도 휴일을 여유롭게 보내는 취미활동으로 이어졌다.

　반년 만에 영업직에서 물러나게 되자, 영업 필수 아이템으로
사용한 손바닥만 한 크기의 '도쿄 23구 맵'이 쓸모없어졌다(그때
는 아직 스마트폰으로 구글맵을 사용하던 시대가 아니었다). 대신 그
지도는 빵집 탐방 용도로 바뀌었다. 마음에 드는 빵집을 조사하
여 포스트잇에 주소와 전화번호를 적어 붙여놓고 쉬는 날마다
찾아다녔다.

　대학 시절까지 합한다면, 그간 찾아간 빵집이 도쿄 시내에서
만 100곳이 넘었다. 어느새 '여기 빵은 예전에 먹었던 빵이랑 비
슷하네.' '이건 진짜 맛있다.' 하면서 맛의 차이까지 느낄 수 있게
되었다. 모양은 같아도 한입 베어 물었을 때의 식감과 달콤함이
전혀 다르다. 그 다양한 차이를 알아갈수록 '빵 만들기'라는 세
계로 들어가 보고 싶었다.

　그러면서 조금씩 내가 맛있다고 느끼는 빵에는 공통점이 있

다는 사실도 알게 되었다. 훗날 나를 제빵사로 키워준 시가 카츠에이 셰프가 만든 빵이었다. 저온 장시간 발효라는 제빵 방식을 만든 시가 셰프는 이 분야의 1인자여서 제빵사라면 모르는 사람이 없는 유명인사다.

일반적으로 빵을 만들 때는 재료 반죽하기(믹싱), 1차 발효시키기, 반죽 분할해서 재우기(벤치타임 거치기), 성형하기, 2차 발효시키기, 굽기(소성)의 과정으로 이루어진다. 이것을 세 시간 만에 끝내는 빵집도 있고, 대여섯 시간이 걸리는 정공법으로 만드는 빵집도 있다.

시가 셰프가 개발한 저온 장시간 발효는 모든 공정을 끝내기까지 19~20시간이 걸린다. 또한 각각의 단계에서 설정해둔 시간도 전혀 다르다. 1차 발효, 분할·성형, 굽기 이렇게 세 가지 과정밖에 거치지 않으면서, 1차 발효에 많은 시간을 할애한다(참고로 현재는 120시간에 걸쳐 완성한 바게트를 선보여 '초장시간'으로 발전했다).

이 방식은 1997년 도쿄 다이칸야마에 오픈한 카페 아르티파고스Cafe ARTIFAGOSE에서 시가 셰프가 블랑제(제빵사)를 맡던 시절에 만들어졌다. 당시 시가 셰프 말고는 빵을 구울 수 있는 직원이 없었다고 한다. 그래서 잠자는 시간에 밤새 1차 발효를 하고 아침에 출근해 반죽을 분할·성형할 수 있도록 준비하지 않으면 가게를 운영 할 수 없었다. 너무 오랜 시간 반죽을 방치하면 과발효가 되므로 이스트의 사용량을 평소의 절반으로 줄이고 1차 발효시간을 12시간 가까이 잡았다. 그러자 제대로 발효된 빵에서 보이는 기포가 나타나면서 맛에 깊이도 더해졌다. 저온에서 오랫동안 방치하여 발효의 힘을 최고로 끌어낸 끝에 단단하고 향기로운 표면(크러스트)과 촉촉하고 쫄깃한 속살(크럼)을 동시에 느낄 수 있는 시가 셰프만의 맛과 식감이 완성된 것이다.

카페 아르티파고스에 이어서 아카사카의 파티세리 펠티에 patisserie peltier 마루노우치의 유하임 디 마이스터 JUCHHEIM DIE MEISTER 마루빌딩점과 니혼바시의 포트넘 앤드 메이슨 Fortnum&Mason까지 시가 셰프는 이 모든 가게의 블랑제를 거쳤다.

맛의 비결이 너무나도 궁금했던 나는 사회인 2년차부터 회사생활을 하면서 주말 아르바이트를 시작했다. 장소는 유하임 디 마이스터였다.

리쿠르트에서 이직정보지의 기획·편집을 담당하면서 이직이라는 인생의 터닝 포인트에 관한 정보를 제공하는 일에 나는 큰 열정을 가지고 있었다. 그렇지만 마음 한구석에 '기술자'에 대한 미련이 자리하고 있었다. 내가 하고 싶은 일은 매일 부지런히 손을 움직여 새로운 것을 만들어내는 기술자의 일이 아닐까 생각했다. 취미로 다니기 시작한 빵집을 직업의 일환으로 보게 되면서, 나는 사람들이 맛있는 빵을 먹을 수 있도록 매일의 작은 행복을 만들어내는 제빵 일에 막연한 동경을 품게 되었다.

근처에 맛있는 빵집이 있으면 사람들은 정기적으로 그곳에 빵을 사러 간다. 가게 직원과 인사를 나누며 일주일 치의 빵을 사오는, 그저 평범하고 소소한 일상이다. 그런 평범하고 소소한 시간을 내가 만들 수 있다면 정말 행복할 것 같다는 마음이 점점 커졌다. 이런 생각은 곧 빵집에서 일해보자는 동기로 이어졌다.

지금은 부업을 인정하는 회사가 많아졌지만, 과거 직장인의 주말 아르바이트는 완전한 취업 규정 위반이었다. 깔끔하게 회사를 그만두고 빵집에서 일하는 것이 객관적으로 볼 때 옳았다. 그렇지만 종이 매체의 판매 부수가 눈에 띄게 급감하던 시절, 내가 담당하던 정보지가 1년 후에 휴간한다는 회사의 결정이 있었다. 끝이 보이는 미디어를 버리고 미련 없이 돌아설까도 했지만 쉽게 그럴 수는 없었다. 이직 관련 사업에 몸담고 있었기에 회사원에서 기술자로의 변신이 그렇게 간단한 문제가 아니라는 것도 잘 알고 있었다. 그렇다면 회사생활 이외의 시간은 기술자가되기 위한 준비기간으로 활용하자. 어떻게든 되지 않을까, 하는 마음으로 한쪽 발은 회사에 한쪽 발은 빵집에 딛고 선 이중생활이 시작되었다.

3장
—

몸과 마음으로 터득한
일의 자세

달 을 보 며 빵 을 굽 다

작업은
단 한 번의 승부로

2016년에 시작한 점포 없는 빵집, 히요리 브롯은 전국의 고객들에게 주문을 받은 후에 빵을 만든다. 어떤 빵이 배달될지는 그때그때 들어오는 식재료에 따라 다르다. 우엉 빵, 건포도 빵, 감 빵, 김 빵……. 작업을 하면서 나조차도 어떤 맛일지 완성한 후가 아니라면 알 수 없다.

나는 거의 모든 빵을 단 한 번의 작업으로 완성한다. 몇 번씩 연습을 하고 만들면서 이상적인 맛을 내려고 하는 스타일이 아니다. 처음 사용하는 재료라 맛을 전혀 알 수 없는 경우라면 테스트를 하지만, 기본적으로 시험 삼아 빵을 굽지는 않는다.

히요리 브롯의 작업실에는 거래하는 생산자들이 보낸, 그 시기에만 수확되는 한정 수량의 식재료들이 많이 들어온다. 단바에 와서 알게 된 농장주가 '수확은 많이 했는데 JA(농업협동조합) 규격에 적합하지 않아서 상품가치가 없으니 편하게 사용하라.'며 감을 한 상자씩 보내줄 때도 있다.

"돈은 됐으니까 그냥 쓰세요. 버리면 아까우니까요."

생산자에게서 무상으로 제공받을 때도 있다. 그렇지만 나는 빵으로 만들어본 적 없는 새로운 식재료를 제외하고는 꼬박꼬박 돈을 지불하고 있다.

반대로 내가 생산자에게 특정 식재료와 수량을 정기적으로 주문할 때도 많다. 그러나 들어오는 시기가 꼭 일정대로만 이루어지지는 않는다. "올해는 계속 날이 좋아서 그런지 수확량이 많아 조금 일찍 보낼 수 있겠네요. 다음 주에 보낼게요."라고 갑작스레 연락이 오는 경우도 있다.

식재료는 생명체다. 그렇기에 상하기 쉬운 것부터 빨리 빵으로 만들어야 한다. 올해 여름 밀감이나 잘 익은 토마토의 맛이 어떤지, 재료들의 맛도 일일이 확인해야 한다.

'이 검은콩은 한 달 전 것보다 딱딱하네.'

같은 해에 수확한 식재료라도 시기에 따라 미묘하게 맛이나 식감이 다르다.

'이렇게 딱딱하면 그 빵의 식감과는 맞지 않겠다.'

'대두가 좀 무르니까 우유를 같이 넣어서 오독오독 씹히는 식감으로 바꿔보자.'

재료 배합도 매일 바뀐다. 레시피와 일정을 미리 정해놓지 않고 작업실에 도착한 식재료 하나하나의 상태를 확인한다. 식재료에 맞춰 최상의 맛을 살리려면 무엇을 함께 넣어야 할지 결정할 수 있다.

생산자와 직접 거래하다 보면 열심히 키워서 보내준 재료를 단 하나라도 허투루 쓰고 싶지 않다는 마음이 강해진다. 한 번 실패하면 다시 똑같은 재료로 만들려고 해도 양이 모자라서 상품으로 내놓지 못할 때도 있다.

이번 주가 절정이라고 보내준 재료인데 이 재료로 세 번 정도 연습하면서 사흘이 지나버리면 더는 제철이 아니게 된다. 음식은 고객의 입으로 들어가야만 비로소 가치가 있다. 제철을 놓치는 방식으로는 작업하고 싶지 않다. 많이 만들고, 그것을 남기지 않고 누군가가 다 먹어주는 기쁨이 있어 제빵 일을 계속하는 것이다. 되도록 한 개의 빵도 남기지 않고 고객에게 전하고 싶다. 나는 빵을 먹는 것보다 만드는 것을 더 좋아한다. 고객에게 선보이지도 못하고 내가 먹어 없애는 연습 빵이 많아져서는 아무런 의미가 없다.

물론 연습 없이 한 번에 본론으로 들어가기 때문에 다소 미흡한 맛의 빵을 고객에게 보내게 될 때도 있다. 하지만 그것은 어디까지나 내 실력의 문제이지, 식재료 탓은 아니다. 부족한 부분은 레시피로 꾸준하게 채워나가는 것이 프로가 해야 할 일이다.

식재료가 들어오면 머릿속에서 맛의 이미지를 그린다. 그리고 무엇으로 어떻게 맛을 보완할지 세세하게 조합을 다듬어나간다.

'이 귤은 단맛이 좀 약하니까 매실주에 담가서 단맛을 보충해야겠다.'

'이 고구마는 흑설탕과 같이 써보자.'

이때 가장 중요한 것은 혀가 기억하는 맛이다. 맛뿐만 아니라 식감도 마찬가지다.

'이렇게 딱딱한 재료는 빵에 넣으면 겉돌 거야. 좀 더 부드럽게 해야지.'

빵을 본격적으로 만들기 전에 얼마나 정확하게 맛을 상상할 수 있는지가 관건이다. 이것이 단 한 번으로 끝나는 승부의 열쇠를 쥐고 있다.

대학 시절부터 저금하듯 빵집을 찾아다니며 빵을 먹어본 기

제철 식재료를 때에 맞춰 빵으로 만들어

고객에게 전달한다.

때문에 레시피와 재료 배합은

매일 달라진다.

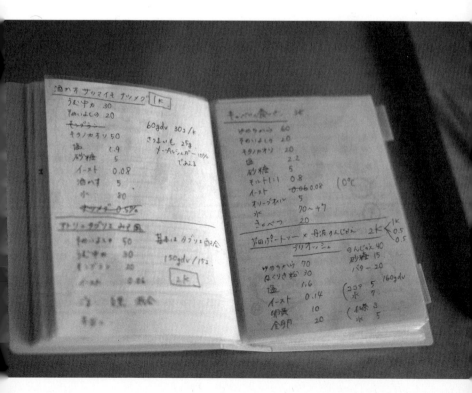

억과 7년간 생활한 시니피앙 시니피에에서의 자유 시식문화가 오늘날 나의 상상력을 만들었다.

진짜 일을 배우는 곳은 학교가 아니라 일터

회사생활 3년차에 접어든 여름 무렵부터 나는 제빵사가 되기로 결심했다. 리쿠르트에서 담당하던 정보지의 휴간을 앞두고 있던 때였다. 몰래 주말 아르바이트를 하던 유하임 디 마이스터 마루빌딩점에서 사원으로 정식 채용된 것이다.

유하임에는 제빵사를 관리·담당하는 홋타 마코토라는 사람이 있었다. 회사생활을 계속하면서 제빵을 배우고 싶다는 철없는 소리를 듣고도 나의 채용을 결정해준 분이다. 홋타 씨는 시가 셰프의 오른팔 같은 존재였다. 지금은 도쿄 고마에시에서 로티 오랑Roti orang이라는 제빵 클래스를 운영한다.

유하임의 블랑제였던 시가 셰프가 시니피앙 시니피에의 문을 연 것이 2006년도의 일이었다. 그런 시가 셰프를 대신하여 유하임의 블랑제 자리에 오른 홋타 씨는 "하고 싶으면 지금 당장이라도 시작해."라며 내게 용기를 북돋아주었다. 2007년에 홋타 씨는 경험 있는 직원들에게 유하임을 맡기고, 시가 셰프를 돕기 위해 시니피앙 시니피에로 자리를 옮겼다.

제빵사가 되기로 결심하고 나는 이 사실을 홋타 씨에게 가장 먼저 전해야겠다고 생각했다. 유하임 선배들도 그렇게 하라고 조언해주었다. 제빵 세계로 이끌어주어 감사하다는 인사를 하려고 시니피앙 시니피에로 그를 찾아갔다. 그런데 홋타 씨가 갑자기 생각지도 않은 제안을 해왔다.

"시가 셰프가 경험 없는 친구를 가르쳐보고 싶다고 하시던데. 온 김에 잠깐 만나 뵐래?"

제빵사를 꿈꾸는 수많은 사람에게 동경의 대상인 시가 셰프 밑에서 제빵의 기본도 모르는 내가? 그런 선택지가 주어지리라고는 꿈에도 생각해본 적이 없었다.

"네?"

얼빠진 얼굴로 되묻는 나와는 상관없이 그 자리에서 면접 시간이 정해졌다. 그리고 시가 셰프를 처음으로 직접 만나게 되었다. '빵을 좋아하게 해준 내 우상을 만나다니!' 극도의 흥분과 긴장으로 면접에서 내가 무슨 이야기를 했는지 전혀 기억나지 않는다. 하지만 이 한 마디는 정확히 기억하고 있다.

"제빵 전문학교를 다니는 게 좋을까요?"

"학교 같은데 갈 시간 있으면 지금이라도 당장 일을 시작해."

지금도 시가 셰프의 목소리가 생생하다. 제빵사를 꿈꾸는 많은 사람이 전문학교에서 기초를 익히고 빵집에 취직해 실전 경험을 쌓는다. 빵의 거장인 시가 셰프가 만든 시니피앙 시니피에의 직원들은 다른 빵집에서 이미 몇 번의 수련생활을 거친 뒤 더욱 발전된 기술을 연마하고자 오는 사람들이었다. 일반 기업을 그만두고 문을 두드린 사람은 그전까지 단 한 명도 없었다.

시가 셰프가 내게 흥미를 느꼈던 것만큼은 확실하다. 회사원 경력의 무경험자가 빵집에 오면 어떻게 될지 궁금했던 것 같다. 실제로 몇 해가 지난 후 말하기를, 그때 이력서를 보고 금방 그만두겠구나 하고 생각했단다.

나는 예상외로 그 후 7년간이나 시가 셰프의 꾸지람에도 굴하지 않고, 악착같이 매달려 제빵사에게는 축복받은 환경에서 일할 수 있었다.

빵은 반드시 몸에
좋은 것으로 만든다

나는 시니피앙 시니피에에 취직한 이후로 생활 리듬이 완전히 바뀌었다. 가게에서 가까운 아파트로 이사해 새벽 4시 반에 일어났다. 전철도 다니지 않는 어슴푸레한 새벽에 집을 나와서 자전거를 타고 작업실로 향한다. 아침 6시부터 평균 저녁 6시까지 주간 근무를 마치고 나면 엄청난 피로감에 그날 배운 내용에 대한 복습도 하지 못한 채 쓰러지듯 잠이 들고 또 그다음 날 새벽을 맞았다.

부족한 지식은 말할 것도 없었다. 그렇지만 나를 가장 먼저 괴롭힌 것은 약한 체력이었다. 한 포대에 25킬로그램 가까이 되는 밀가루를 하루에도 수십 번씩 옮겨야 하는데, 몇 개 옮기지도 못하고 바로 다리가 후들거렸다.

"우선 체력부터 길러! 잘 좀 먹고!"

이렇게 호통을 치곤, 시가 셰프가 일을 마치고 돈가스 집에 데려가 준 적도 있다. 우리의 몸은 우리가 먹는 음식으로 만들어진다. 그래서 몸에 좋은 음식을 잘 챙겨 먹어야 매일을 건강하게 보낼 수 있다. 시니피앙 시니피에에서 일하면서 음식이 건강과 직결된다는 이 중요한 사실을 다시 한번 깨달았다.

내가 처음 맡은 업무는 모든 직원의 하루 두 끼 식사를 준비하는 일이었다. 주간 근무와 야간 근무를 하는 직원 열 명의 아침과 점심식사를 준비하면 하루에 20인분을 만들어야 했다. 요리업계에서는 신입이 식사 당번을 하는 일이 종종 있지만, 빵집에서는 식사 당번 문화가 조금 낯설 수도 있다. 원래부터 음식에 큰 관심이 없었고, 회사 다닐 때는 바빠서 식사를 소홀히 하기 일쑤였다. 게다가 한 번에 그렇게 많은 양의 식사준비를 해본 적이 없어서 하루하루 메뉴 선정에 골머리를 앓았다.

시니피앙 시니피에에서 수련생활을 하면서 시가 셰프에게 거의 매일 같이 야단을 맞았다. 물론 식사 당번 때도 예외는 아니었다. 다만, 한 가지 일관되게 지적받은 부분이 있었다. 영양 밸런스가 좋지 않다는 것이었다.

딱히 맛있는 식사를 준비한 것은 아니었지만 싱겁다든지 맛이 별로라든지 하는, 맛에 관한 지적은 거의 없었다. 그렇지만 "채소 색깔이 너무 한쪽으로 치우쳐 있잖아." "이 메뉴는 비타민이 부족해." "이걸로는 단백질을 충분히 섭취할 수가 없어."라는 꾸중을 매번 들었고, 영양 면에서 만족스럽지 않으면 호되게 혼이 났다.

"식사는 그다음 업무를 위한 밑바탕이야. 직원 모두가 배부르게 잘 먹고 골고루 영양을 섭취할 수 있는 메뉴를 짜도록 해."

지금 생각해보면 매일 20인분의 식사를 필사적으로 준비한 처음 몇 개월은 '음식이 건강을 만든다.'라는 사실을 철저하게 배울 수 있던 시간이었다.

시가 셰프는 직원들이 채소를 제대로 섭취할 수 있도록 채소 가게에서 항상 직원 식사 전용으로 대량의 채소를 주문했다. 그래서 여기에 고기나 생선만 더하면 밸런스 좋은 식사가 완성되었다. 말하자면 직원들을 위한 시니피앙 시니피에만의 복리후생이었던 것이다. 어떻게 하면 채소를 충분히 활용하면서도 효율성을 올리고 질리지 않는 맛있는 식사를 준비할 수 있을까, 매일같이 머리를 싸맸다. 이 고민의 시간들이 내게는 큰 배움의 연속이었다.

내가 만든 식사가 직원들의 건강을 관리하고 나아가 좋은 빵 만들기와 좋은 성과로 이어진다. 이러한 가르침이 있었기에 '식사의 주 메뉴인 빵은 반드시 몸에 좋은 것으로 만들자.'라는 생각이 내 안에 자연스럽게 자리 잡았다.

시니피앙 시니피에 시절에는 건강 때문에 고생한 적이 한 번도 없었다. 아마도 시가 셰프가 직원 한 사람 한 사람의 건강을 진심으로 걱정해주었기 때문이라고 생각한다. 어떻게 된 일인지 직원들 사이에서 감기가 유행하고 난리가 나도 유독 나 혼자만 멀쩡했다. "바보는 감기도 안 걸린다는데 진짠가 보네." 하고 직원들에게 놀림을 받을 정도였다.

청소와 빵 만들기의 상관관계

스물여섯 살의 나이에 제빵 세계에 들어와 보니 내 또래의 직원들은 이미 5~7년 정도의 경험을 쌓은 경력자들이었다. 제빵사가 되고자 전문학교를 졸업하고 다른 빵집에서 수련생활을 끝내고 시니피앙 시니피에로 온 사람들이었다. 경험이 없던 나는 지식과 경력에서 그들의 상대가 되지 않았다. 따라잡기 힘든 이 격차를 어떻게 하면 줄일 수 있을지 막막하기만 했다. 그래서 기술과 관계없이 내가 할 수 있는 일이 무엇일까를 생각했다. 그 결과 죽기 살기로 매달린 것이 바로 작업실 청소였다.

빵을 만들 때는 가루를 쓰기 때문에 작업실은 매일이 가루 범벅이다. 종류가 다른 가루나 발효종이 섞이지 않도록 모든 기자

재와 도구들을 언제나 깨끗이 닦아야 한다. 나는 냉장고 내부를 알코올로 소독하고, 볼과 냄비는 윤이 나게 설거지했다. 바닥은 열심히 대걸레질했다. 일주일에 한 번은 발효실(발효에 사용하는 보온장치) 위까지 청소했다.

아무리 청소를 열심히 해도 깨끗하게 닦아야 할 곳이 또 나온다. 체력적으로 무척 힘들었지만 경험 없는 내가 유일하게 내 힘으로 할 수 있는 일이 청소였다. 청소로라도 가게에 보탬이 되자. 이런 마음으로 조금의 티끌도 보이지 않게 매일 묵묵히 닦았다. 회사를 박차고 빵집에 온 무경험자라니, 머지않아 두 손들고 나갈 거라고 생각한 시가 셰프가 나를 예쁘게 봐준 이유가 청소를 열심히 했기 때문이 아닌가 싶다.

"청소에 정성을 다하지 않는 사람은 가르쳐도 성장하지 않는다."

시가 셰프가 가장 중요하게 여기는 지론이다. 빵을 만드는 일은 매일 똑같은 작업을 꾸준하게 반복하고 그것을 쌓아가는 과정이다. 그러고 보니 시가 셰프 본인도 매장의 바닥 타일을 닦을 때가 있었다. 그러면서 이렇게 말했다.

"매일 해야 하는 청소를 소홀히 하는 사람은 빵을 만들 때도 어딘가 한 군데는 반드시 소홀하게 되어 있어. 그런 사람이 좋은 빵을 만들 수 있을 리가 없지."

빵 만들기의 기본은 해야 할 일을
거르지 않고 꼼꼼히 하는 것이다.
청소도 빵 만들기의 한 과정이다.
절대 소홀히 하지 않는다.

나는 그저 내가 할 수 있는 일은 청소밖에 없다며 필사적으로 매달렸을 뿐인데 "쓰카모토가 다른 건 못해도 청소 하나는 잘한다."라며 존재감을 인정받은 것 같았다.

해야 할 일을 거르지 않고 꼼꼼하게 하는 것이 빵 만들기의 기본이다. 시가 셰프의 이러한 지론은 내게도 자연스럽게 스며들었다. 히요리 브롯에서는 하루 14건의 주문을 고객에게 배송해야 하기 때문에 적어도 7종류, 98개의 빵을 구워야 한다. 사용하는 재료도 워낙 다양해서 빵을 다 만들고 나면 작업실 벽이나 바닥이 밀가루 천지에 싱크대에는 설거지거리가 수북이 쌓인다.

그렇지만 아무리 바빠도 반드시 두 시간씩 청소를 한다. 그래서 다음 날 아침 작업실에 들어가면 항상 반짝반짝하다. 도구들도 모두 가지런히 정리되어 있다. 빵을 만들면서 '그 볼을 어디 뒀더라?' 하며 찾는 일도 없다.

빵은 여러 공정을 거쳐서 완성된다. 그 단계마다 정성을 다하기에 맛있는 빵을 만들 수 있다. 청소를 소홀히 하지 않는 것 역시 빵을 만드는 중요한 일 가운데 하나다.

'아무것도 할 수 없는 일'이
준 떨림

'베이커스 퍼센트'라고 제빵 레시피에서만 사용되는 독자적인
계산 방식이 있다. 반죽에 사용하는 가루의 양을 100퍼센트로 잡
고, 그 밖의 재료가 가루 대비 몇 퍼센트인지를 숫자로 표시한 것
이다. 예를 들어 밀가루 1킬로그램에 물 80퍼센트라고 쓰여 있
으면 800그램의 물을 넣으라는 의미다. 처음에는 이 퍼센트 작
성법조차 몰라서 제일 먼저 계량하는 법부터 배우기 시작했다.

시가 셰프는 빵을 만들 때 반죽에 물을 많이 넣는 스타일이다.
히요리 브롯의 식빵을 맛본 고객들은 빵이 아닌 것처럼 쫀득쫀
득하다고 말하는데, 이는 시가 셰프의 스타일을 오랫동안 보고
배운 영향이다. 식감에서 밀도감이 느껴지는 빵이 입안에서 살
살 녹는다. 빵 표면에는 윤기가 흐르고 며칠이 지나도 속살에는
촉촉함이 살아 있다.

빵은 발효식품이다. 시가 셰프가 빵을 만들면서 가장 중요하
게 생각하는 부분이다. 이스트를 아주 조금만 넣어도 저온에서
장시간 발효시키면 재료의 감칠맛이 살아나 맛있는 빵이 완성

된다. 계량을 배우면서 빵의 기본재료인 밀가루, 물, 이스트나 효모, 소금의 분량에 대한 개념이 잡혔고 발효식품인 빵에 대한 기초를 꼼꼼히 익힐 수 있었다.

계량이 가능해지자 이어서 맡은 임무는 믹싱, 즉 반죽 작업이었다. 제빵사로 일한다고 하면 반죽이 힘들지 않느냐는 질문을 많이 받는데 반죽은 기계가 한다(사람의 손으로 반죽하면 얼마 안 가 울근불근한 근육질을 자랑하게 될지도 모른다). 어느 정도의 속도와 시간으로 재료와 물을 섞을지, 반죽은 어느 정도로 단단하게 뭉칠지, 믹서를 조작하면서 반죽을 잘 살펴보고 만져보면서 결정한다.

믹싱이 끝난 반죽은 펀치(가스빼기)를 한다. 바게트는 베이킹 트레이 안에서 작게 위로 접어 올리는 식이고, 식빵은 테이블에 올려서 반죽을 잡아당겨 늘리듯이 한다. 그날 재료 배합의 양뿐만 아니라 완성된 반죽의 온도나 반죽을 넣은 용기의 크기에 따라서도 이 펀치라고 불리는 작업에 변화를 줘야 한다. 나는 이 사실을 몇 년이 지나고서야 알게 되었다.

빵은 연속 작업이기 때문에 계량이나 재료 배합 비율에서 실수를 하면 이전으로 되돌리기가 매우 어렵다. 경험이 없다고 해서 실패가 용납되는 것은 아니어서 하루하루가 긴장의 연속이었다(그럼에도 수많은 실패를 했지만……).

주간 근무에서 계량부터 재료 배합까지 어느 정도 가능해지면, 저녁 근무로 교대되어 반죽의 분할·성형 그리고 가마에 넣는 작업을 맡게 된다. 항상 2~3명의 직원들이 같은 교대 조에 투입되었다. 어떻게 이 정도밖에 안 되는 인원수에 무경험자를 채용했는지, 시가 셰프의 대범함 혹은 무모함에 놀랄 따름이었다.

처음 2~3년 동안은 주간 근무를 했고 이후에는 저녁 근무도 담당하면서 빵의 얼굴을 결정하는 성형·소성까지 조금씩 할 수 있게 되었다.

1~2년이 지나고 나서 어느 정도의 계량과 재료 배합은 할 수 있는 수준이 되었지만, 내가 배합한 재료가 어떤 과정을 거쳐서 가게에 진열되는 빵으로 완성되는지는 전혀 알지 못했다. 그래서 다음 날이 휴일이면 주간 근무를 마치고 일단 집으로 돌아와서 샤워를 하고 다시 가게에 나가는 패턴으로 생활했다.

뭘 그렇게까지 열심히 하느냐고 할 수도 있다. 그렇지만 새벽 4시 반에 일어나는 제빵사의 일정상 다른 직종의 친구들과 일정을 맞추기도 쉽지 않은 일이어서 어차피 같이 놀러 다닐 수도 없었다. 밤에 잘 때도 빵 굽는 꿈만 꿨다. 꿈속에서도 매번 실패해서 조바심만 날 뿐이었다. 그럴 바에는 동료들과 함께 작업실에 있는 것이 마음 편했다.

저녁 근무 교대 시간에 가게에 나가도 내가 할 수 있는 일은 거의 없다. 가마 담당인 빵 굽는 동료가 구워진 빵을 눌러보며 상태를 확인하는 모습이나 캄파뉴 바닥을 손가락으로 톡톡 치면서 그 소리로 구워진 정도를 확인하는 모습을 그저 흥미롭게 바라보고 있을 뿐이다.

어려서부터 NHK 방송에 나온 기술자들의 손놀림을 유심히 보던 내게 제빵사 선배들이 분주히 움직이는 모습은 재미있는 구경거리였다. 수분을 한껏 머금은 부드러운 반죽을 바게트 모양으로 성형하는 손놀림도 마술쇼를 보는 것처럼 흥미진진했다.

그렇게 지켜보고 있으면 동료들은 여기가 네 집 안방이냐며 나를 보며 항상 웃었다. 어른이 됐는데도 어쩜 이렇게 '아무것도 할 수 없는 일'이 있다니. 그렇다면 이제는 위로 올라가는 일만 남았다. 이것이 내 가슴을 뛰게 했다.

먹어보지 않으면
맛을 배울 수 없다
|

경험이 있든 없든, 무슨 작업을 맡고 있든, 내가 일하던 7년 동

안 시가 셰프가 직원들에게 일관되게 하던 말이 있다.

"틈날 때마다 계속 시식해."

출근하면 셰프가 작성한 레시피와 함께 그 빵에 들어갈 재료들이 작업실에 도착해 있었다. 만약 오늘의 레시피가 초콜릿을 사용한 새로운 메뉴라면, 함께 빵에 넣을 견과류나 과일에 따라 초콜릿 브랜드까지도 달라진다. 똑같은 감귤 필을 넣어서 만든 빵이라도 빵마다 사용하는 초콜릿의 카카오 함량에 미세하게 변화를 준다. 도착한 감귤 필과 초콜릿은 직원들이 한입씩 먹으면서 비교해본다.

맛을 분석하는 시간이라기보다는 초콜릿 맛을 극찬하는 등 이야기하며 다 같이 나눠 먹는 간식시간 같은 분위기다. '같이 먹어보니 이 새콤함은 저 초콜릿이랑 잘 맞는구나!' 하며 서서히 맛의 차이를 알아갔다.

제품으로 만들어야 하니까 먹으면 안 된다는 이야기는 단 한 번도 들어본 적 없었다. 편하게 먹고 맛을 기억하라는 시식문화는 시니피앙 시니피에에서만 볼 수 있는 독특한 문화였다. 계량하는 친구가 먹어보고 맛있다 싶으면 재료 배합하는 동료에게 슬쩍 건넨다. 이렇게 '맛'을 공유하면서 매일 다양한 맛의 지식을 쌓아갔다.

시니피앙 시니피에는 실험실 같은 직장이었다. 매일 많은 시도를 했고, 많은 자극을 받았다. 히요리 브롯에 지금 당장 새로운 식재료가 들어온다 해도 '일단 한번 빵으로 만들어볼까?' 하고 생각할 수 있는 여유가 있다. 시니피앙 시니피에에서 새로운 재료로 빵을 만들 기회가 많았기 때문이다.

시니피앙 시니피에에서는 시가 셰프가 원하는 재료를 발주하고 이 재료로 레시피가 완성되면 직원들이 그것을 빵으로 만든다. 따로 식재료 주문을 하지 않아도 생산자들로부터 시가 셰프가 꼭 빵으로 만들어줬으면 좋겠다거나, 빵에 꼭 써달라는 연락을 계속 받기도 한다. 하루가 멀다 하고 처음 보는 식재료들이 작업실로 밀려들었다.

일단 재료가 들어오면 모두가 자연스럽게 빵으로 만들어보자고 생각하는 분위기였다. 그래서 해보지도 않고 "이건 써본 적이 없는데. 빵에는 어울리지 않을 것 같은데요?"와 같은 부정적 이야기를 한 번도 듣지 못했다.

들어온 재료의 상태에 따라서 레시피 내용도 유연하게 바뀐다. "물 좋은 생선이 들어왔으니 오늘은 이 메뉴로 하자."라는 말은 요리사나 재료에 맞춰 빵을 만드는 제빵사나 다를 바 없다.

"먹어보니까 이 오렌지는 좀 시네요."

"하나 줘봐. 그러게, 좀 시네."

"꿀로 졸여서 단맛을 더해볼까요?"

"그래, 괜찮을 것 같은데."

이렇게 시가 셰프와 대화를 나누다 보면 어느새 새로운 빵이 완성된다. 실험실 같다고 했지만, 연습용 빵이 허락되지 않는 냉정한 프로의 현장이기도 했다.

'단 하나의 빵도 버리지 않고 한 번에 제품을 만들어내는 것이 프로다.'

이것이 시가 셰프의 가르침이었다. 셰프가 만든 새로운 레시피를 보면서 먼저 배합은 왜 이렇게 했고, 이 재료는 왜 넣은 것인지 스스로 생각하면서 맛을 상상한다. 재료 배합을 담당할 때는 내 판단으로 레시피를 해석하고 반죽의 질감 등을 조절해야 한다.

"이건 조금 더 반죽해."

지적을 받으면 이유를 다시 생각해본다. 이러한 과정을 거쳐서 빵이 완성되면 모두 함께 나눠먹는다. 그리고 서로 의견들을 주고받으며 레시피를 조금씩 수정해나간다.

　무엇을 어떻게 하면 맛이 어떻게 바뀔지 예상할 수 있어야 한다. 머릿속으로 맛을 설계할 수 있을 때까지 시식하면서 상상했던 맛 그대로의 빵이 나왔는지를 확인하던 그때의 감각이 지금의 나를 만들었다.

　당시에 작성한 시가 셰프의 레시피는 지금도 소중히 보관하고 있다. 그 맛은 어떻게 만들었는지 힌트를 얻고 싶을 때는 레시피를 다시 펼친다. 첨가할 향신료의 비율을 확인하고 '0.4퍼센트 넣으면 그 맛이 나는구나!' 하며 머릿속에서 구상해본다. 맛이야 전부 기억하고 있으니 수치만 알면 어떤 빵이 완성될지 예상할 수 있다.

　시가 셰프의 레시피 그대로 히요리 브롯의 빵을 만들지는 않는다. 이 세상에서 시가 셰프의 빵을 가장 맛있게 만들 수 있는 사람은 오직 시가 셰프뿐이다. 7년 동안 익힌 맛에 어떠한 아이디어를 더해야 나만의 빵을 만들 수 있을까. 정답이 없기에 싫증 내지 않고 매일 꾸준히 빵을 만들 수 있다.

'실수하면 빵은 없다'
도망치고 싶은 긴장감으로 성장한다

주간 근무에서 계량과 재료 배합에 어느 정도 익숙해지고 연차가 쌓이면서 야간 근무조가 되었다. 야간 근무를 하면서 반죽의 분할·성형·소성이라는 빵 만들기의 최종단계를 담당했다.

반죽의 분할이란 하나의 큰 덩어리 반죽을 제품 크기별로 자르는 작업이다. 1차 발효가 끝났다고 하면 반죽을 끝내고 몇 시간이 지났는지를 대략적인 기준으로 삼는다. 그런데 시가 셰프는 발효를 마친 반죽을 만져보기만 해도 어떤 빵이 나올지 알 수 있다고 한다. 이 감촉이라면 이러한 빵이 나오겠구나 하는 판단력은 경험에서 우러난 감각이다. 이 능력만큼은 매일 반죽을 만지면서 자신만의 감각을 쌓아가는 수밖에 없다.

처음 가마 앞에 섰을 때는 마치 휴식시간 없이 스포츠 경기를 하는 것 같은 격렬함에 충격을 받았다. 4단의 큰 가마는 좌우로 나눠 각각 사용하기 때문에 직원들 모두 '8가마'라고 불렀다. 가마에 성형한 빵을 차례로 넣는다. 그리고 각각의 빵 종류에 맞춰서 굽는 시간을 세팅하면 8가마에서 몇 분마다 타이머가 울린

손끝에서 느끼는 반죽의 감촉만으로
가장 맛있는 빵의 상태를 그린다.

다. 빵이 익어가는 모습을 살피고 '3분만 더 구워야지.' 하고 한 번 더 타이머를 맞추면 뒤이어 다른 가마가 호출한다.

이 작업은 늦은 밤부터 새벽까지 약 6시간 동안, 경우에 따라서는 9시간 동안 계속 이어지기도 한다. 물론 익숙해지면 '2분 정도 남았으니 화장실에 다녀와야겠다.'라든가 '남은 3분 동안 성형을 조금 거들어야지.' 하는 식으로 여유가 생긴다. 1분에 대한 인식이 과거와는 완전히 달라진 것이다. 그렇지만 시작한 지 얼마 되지 않았을 때는 정말이지 지옥문을 연 것만 같았다.

시가 셰프는 마술쇼를 하는 것처럼 가벼운 손놀림으로 끝낸다. 그런 시가 셰프와 단 둘이서 근무하는 날에는 식은땀이 날 정도로 긴장해서 당장이라도 도망치고 싶은 심정이었다. 구워야 할 빵은 끊임없이 들어오지, 타이머는 울려대지, 이 와중에 "가마에 넣는 타이밍을 놓치면 다 소용없는 거야!"라는 시가 셰프의 호통까지 날아든다. 250도의 가마가 내뿜는 열기와 흐르는 식은땀에 옷은 흠뻑 젖어 남아나질 않았다.

요즘도 시가 셰프는 종종 이런 말을 하며 웃는다. "넌 경험이 없으니 가마 다루는 일도 처음이었을 텐데, 그때는 나도 경험 없는 친구를 가르쳐본 적이 없어서 제대로 못하는 너를 이해하지 못했던 것 같아. 정말 미안했어." 그 정도로 나는 시가 셰프의 기대만큼 해내지 못해서 매일 꾸중을 들었다. 결국에는 시가 셰프가 나를 도와주러 달려와야 하는 지경이었다. 부담감에 시달린 나머지 자면서도 오븐 앞에 서 있는 꿈만 꿨다. 부족한 내 자신과 싸워야 하는 수련의 시간이었다.

만에 하나 가마에서 실수하면 다음 날 가게에 빵을 진열하지 못할 수도 있다. 진열용 말고도 레스토랑 등에 배송해야 하는 분량도 있다. 시니피앙 시니피에의 빵과 밸런스를 고려하여 메뉴를 만드는 가게가 많았다.

매일이 실전이었다. 한번 가마 앞에 서면 배울 수 있는 모든 것을 내 것으로 만들어야 한다는 집중력이 조금씩 몸에 배어갔다. 실수하면 안 된다는 긴장감 속에서 빵을 만들던 환경이 나를 빠르게 성장시킨 지름길이었다.

성형 단계에서도 마찬가지다. 확실히 연습을 많이 하다 보니 어느 정도 빵을 만들 수 있는 단계가 되었다. 가게 진열용 빵을 시가 셰프 옆에서 조금씩 만들었다. 같은 배합의 반죽인데도 성형할 때 기포를 과하게 빼거나 가마에 넣는 타이밍이 늦어지는 것만으로도 완성된 빵 맛이 완전히 달라졌다. 성형을 맡기 전 몇 년 동안 시식만큼은 열심히 해왔기 때문에 적어도 셰프의 빵이 이런 맛이 아니라는 것은 확실하게 알 수 있었다. 혀가 기억하는 맛과 식감을 바탕으로 매일 필사적으로 빵을 만들었다.

시니피앙 시니피에에서 7년이란 시간을 함께하면서 시가 셰프와는 가족같이 편하게 대화하는 사이가 되었다. 그런데도 여전히 시가 세프가 성형한 빵과 내가 손댄 빵은 한눈에 봐도 차이가 난다. 제빵의 세계는 참 심오한 것 같다.

빵 만들기는 릴레이 경기

시니피앙 시니피에에서는 매일 동아리 활동을 하는 것 같은 기분으로 생활했다. 실컷 일하고 녹초가 되어 집에 돌아와 쓰러지듯 잠들었다. 눈을 뜨면 배가 고파서 맛있는 밥을 먹으러 '가게에나 가볼까!' 하고 자전거를 타고 출근했다. 기술자의 세계는 상식이 통하지 않아서 힘들다는 인식이 있는데, 힘이 들어서 가게를 그만둔 직원은 한 사람도 없었다. 지금 생각해도 정말 좋은 직장이었다.

"제빵사는 근무시간이 긴데 가게나 작업실에서 스트레스를 받으면 몸이 상할 수밖에 없어. 직장을 집처럼 편한 공간으로 만들 거야."

시가 셰프와 수련 시절의 나(오른쪽 끝)

시가 셰프는 자신만의 확고한 철학으로, 힘들게 반복되는 일의 현장에서 직원들이 가장 편하게 일하는 방법을 실현해냈다.

시가 셰프는 확고한 철학을 가지고 있었다. 근무시간에 떠들면 안 되고 마음대로 쉬어도 안 된다는 규칙 같은 것은 없었다. 커피를 마시면서 재충전을 하고 싶으면 쉴 수 있었고, 집중해서 일하기 위해 10분 정도 휴게실에서 잠을 청할 수도 있었다. 오래 쉬지는 못하지만 항상 마음 편하게 직원들이 하고 싶은 대로 할 수 있도록 해줬다.

빵 만들기는 릴레이 경기와 비슷하다. 계량하는 사람, 재료를 배합하는 사람, 성형하는 사람, 빵을 굽는 사람 모두가 차근차근 바통을 넘기는 과정 속에서 빵이 완성된다. 컨디션이 좋지 않은 사람이 있으면 걸려 넘어지고 만다. 서로를 챙기면서 밝고 건강한 상태를 유지하는 것이 직원들이 가장 편하게 일할 수 있는 방법이다.

시가 셰프는 직원들이 원활하게 바통을 넘길 수 있도록 많은 배려를 해주는 사람이었다. 직원들의 식사를 위해 채소를 주문하는 것도 그들에 대한 깊은 애정이 있어서다. 가끔 작업실 분위기를 띄우겠다며 옛날 개그를 보여주기도 하는 등 직원들에게는 아버지 같은 존재였다.

'독립 전에 한 단계 더 성장하자.'

시니피앙 시니피에는 제빵사들이 이런 각오로 들어오는 빵집이다. 그래서 훗날 홀로서기가 가능하도록 모든 포지션을 돌아가며 배울 수 있게 하는 것이 시가 셰프의 방침이었다. 단순 작업처리가 아닌, 다양한 포지션에 들어가 배우면서 빵을 만드는 일련의 공정체계를 스스로 세운다.

시니피앙 시니피에에 들어간 지 얼마 되지 않아서였다. 효율적으로 업무를 처리하겠답시고 내 나름대로 진지하게 생각해낸 방식으로 공정 과정을 바꾼 적이 있다. 그 즉시 시가 셰프가 분노의 일갈을 했다.

"다 배우기도 전에 네 멋대로 흐름을 바꾸지 마!"

시가 셰프의 역린을 건드려서 작업실 분위기에 찬물을 끼얹고, 다른 직원들을 숨죽이게 만든 적도 몇 번이나 있었다. 이스트 넣는 것을 깜박하는 정도의 실수는 셀 수도 없지만, 이런 단순 실수에는 화내지 않았다. 시가 셰프는 제빵사가 알아야 할 각

단계의 공정 과정을 완전히 몸에 익히는 것이 가장 중요하다고 생각했다.

그 당시 내가 어렴풋이 그려둔 계획은 이랬다. 우선 시니피앙 시니피에에서 5년 정도 경력을 쌓고 그만둔 후에 워킹 홀리데이로 독일에 가서 1년 동안 제빵 기술을 배워오자는 것이었다. 시가 셰프에게도 5년차에는 독일에 가고 싶다고 진즉 선언한 바 있었다.

물론 현실은 계획대로 되지 않았다. 그만두려는 찰나 동료 직원들이 출산 휴가다, 퇴직이다 하여 드나드는 덕에 정작 나는 그만둘 기회를 놓치고 말았다. 그 사이에 워킹 홀리데이 신청 제한 나이인 서른한 살을 넘겨버리면서 계획과는 다르게 7년을 계속 근무하게 되었다. 독일에는 근무 중에 휴가를 얻어 두 번 그리고 퇴직하고 나서 한 번 더 다녀와 총 세 번에 걸쳐 다녀온 것이 전부다. 근무하고 있을 때는 5일과 한 달, 퇴직 후에는 석달간의 일정이었다.

제빵사가 되겠다던 친구와 대학 졸업여행으로 처음 독일을 여행한 적이 있었다. 빵의 본고장이라고 하면 대부분 프랑스를 떠올리는데, 알고 보면 독일 역시 유명한 빵의 나라다. 밀가루나 호밀의 배합 방식도 워낙 다양해서 보리를 섞을 때도 있고 오트밀을 섞을 때도 있다. 다양한 곡물을 섞은 반죽의 종류가 대형 빵에서만 약 300가지가 넘는다.

졸업여행 중에 들렀던 어느 작은 빵집에서 '빵은 곡물로 만든다.'는 말을 실제로 체험했다. 베를린 근교의 주택가에 위치한 그 가게는 내부에 거대한 맷돌 세 개를 설치해 직접 밀을 제분했다. 빵을 밀로 만든다는 것은 생각해보면 너무나 당연한 이야기다. 그런데 나는 '밀을 갈아 가루가 되면 빵으로 만든다.'라는 사실을 그 가게에 도착하고 나서야 깨달았다.

맷돌에 직접 간 밀가루로 만든 독일 빵은 수수하고 소박하면서도 묵직한 무게감이 느껴졌다. 무엇보다 밀의 감칠맛이 그대로 전해지는 진한 풍미가 인상적이었다. 일본에서 빵집 탐방을 다닐 때는 빵을 무엇으로 만드는지 생각해본 적이 없었다. 그저 맛있다는 감탄사로 끝내기 십상이었다.

그렇지만 맷돌이 놓인 가게 안을 밀 이삭으로 가득 장식한 그 독일 빵집에서 나는 빵은 농작물로 만든다는 당연한 상식과 마주했다. 그 가게와의 만남으로 빵집에 대한 시각이 크게 바뀌었다. 이 깨달음이 계기가 되어 빵집을 차려보고 싶다는 생각을 하기에 이르렀다.

시니피앙 시니피에에서 일을 시작한 후에도 독일의 그 빵집에 가서 한 번 더 빵을 먹어보고 싶다는 생각이 항상 머릿속에서 떠나지 않았다. 빵의 진정한 맛을 알게 된 지금 그 빵을 다시 먹어보면 어떤 느낌일지 정말 궁금했던 것이다.

일주일 동안의 휴가를 얻어 그 가게를 다시 찾기 위해 독일에
가기로 마음먹었다. 홈페이지에 주소를 검색하고 졸업여행 때
찍었던 사진을 손에 들고는 그 빵집을 찾았다. 가게의 상징인
크루아상 모양의 손잡이가 달린 빨간 출입문을 보자, 오랫동안
보고 싶었던 사람과 몇 년 만에 다시 만난 것 같은 감동이 밀려
왔다.

맷돌이 늘어선 가게에 들어가 다양한 곡물의 맛이 동시에 느
껴지는 빵을 한입 베어 물었다. 그때 느꼈던 감동의 맛이 착각이
아니었다. 오랜만에 다시 먹어본 독일 빵에 완전히 마음을 뺏기
고 말았다.

느닷없이 시작한
독일 빵집에서의 수련

워킹 홀리데이로 독일에 건너가 1년 동안 제대로 독일 제빵
기술을 배울 생각이었다. 이러한 나의 계획은 시니피앙 시니피

제빵사로서의 자세와 가치관,
마음가짐에 큰 영향을 준
베를린의 빵집 바이하라트 브롯
(Weicharat Brot)의 제분실

에의 직원 수가 갑자기 부족해지면서 무너지고 말았다. 이 사실을 가장 걱정한 사람은 다름 아닌 시가 셰프였다.

6년차에 접어든 어느 날, 시가 셰프가 전부터 알고 있던 제빵사를 독립해 자신의 가게를 열 수 있는 셰프로 키우겠다면서 갑자기 인턴으로 받았다. 그러고는 인턴 하는 친구가 있을 한 달 동안은 독일에 다녀와도 된다고 했다. 나를 위해 일부러 시간을 만들어준 것이다. 이 기회를 감사히 받아들여 나는 즉시 그 독일 빵집에 메일을 보냈다.

"한 달 동안 그곳에서 일하고 싶습니다."

그런데 답장이 오지 않았다. 답을 기다리는 사이에 출발 날짜가 가까워져 직접 찾아가서 부탁해보기로 했다. 갑자기 일하게 해달라니 당치도 않은 일이라고 생각할지 모르지만, 독일에서는 이런 경우가 그다지 드문 일이 아니다.

독일에는 '마이스터 제도(직업능력 인정제도)'가 있다. 전문적인 지식이나 기술을 필요로 하는 수공업 직종에 종사하기 위해 반드시 거쳐야 하는 과정이다. 수련생활은 실습을 통해서 하고 고등직업학교에서 교육받은 후 마이스터 시험을 통과해야 한다. 제빵사도 그중 하나라서 빵집에 젊은 연수생이 배우러 오는 일은 흔했다.

직접 이야기하러 맷돌 빵집을 찾아갔더니 "전에도 여기 빵 먹

장작 가마에서 구워낸 빵을
확인하는 독일의 제빵사

으러 온 적 있지 않아요?"라며 가게 주인이 나를 기억했다. 몸집이 큰 그가 보기에는 내가 어린애로 보였는지 '조그만 동양 여자애가 먹으러 왔었다.'라며 제빵사들 사이에서 화제가 되었다고 한다.

서툰 영어로 일본에서 제빵 일을 한다고 나를 소개하고, 여기서 일할 수 있게 해달라고 부탁했다. 사람을 받으려면 절차의 문제도 있으니 한 달은 어려워도 사흘은 괜찮다는 허락을 받았다. 나는 바로 다음 날부터 맷돌 빵집의 작업실에 들어갈 수 있었다.

소중한 생명처럼
빵을 다루다

독일 빵집의 맛의 비결은 맷돌로 가루를 내는 과정에 있지 않을까 생각했다. 그래서 나는 사흘간 그곳에서 맷돌 제분을 체험하기로 했다. 일하면서 가장 먼저 놀란 점이 가게에 들어오는 밀의 양이었다. 농장 직송으로 1,500킬로그램 정도의 밀 포대가 컨테이너에 쌓이면 지게차로 옮긴다. 근처 주민들이 평범하게 사러 오는 작은 규모의 동네 빵집에서 이렇게 많은 양의 밀을 주문하다니. 빵에 관련된 문화와 역사 그리고 그 규모의 차이가 일본과는 비교가 되지 않을 정도로 컸다.

제분을 담당하는 제빵사가 가진 밀에 대한 엄청난 경험과 지식에도 입을 다물 수 없었다. 밀을 맷돌로 갈면 롤 제분기와는 달리 마찰열이 그렇게 높지 않다. 천천히 갈기 때문에 밀이 받는 스트레스도 적고, 우러나는 풍미도 전혀 다르다. 롤 제분기로 제분을 하면 순간적으로 온도가 높아져서 풍미가 날아가 버린다. 여기에 단백질 열 변성까지 일어나면서 살아 있어야 할 균류가 손상된다.

그러나 맷돌을 쓰면 오랜 시간에 걸쳐 천천히 갈리기 때문에 미네랄이나 식이섬유, 비타민이 풍부한 외피까지 모두 포함되어 밀 본래의 감칠맛과 향을 잡아낼 수 있다.

제분이 끝나면 제빵사 아저씨가 입자의 상태를 확인한 후 내게 지시를 내렸다.

"이건 조금 더 곱게 갈아야 해."

"이 정도 굵기면 됐어."

또한 밀과 호밀, 그밖에 다양한 밀의 종류에 따라 어느 정도의 입자 크기가 가장 적절한지 가르쳐주었다. 밀의 종류뿐만 아니라 제분하는 날의 날씨까지 고려해서 제분 방식에 변화를 주는 것을 보고 놀라울 따름이었다. 비가 올 것 같은 날에는 눅눅해질 수 있으니 밀을 거칠게 갈자고 했다. 그날의 환경 변화에 따라 입자의 굵기를 조절하는 것이다. 빵을 마치 살아 있는 생명체처럼 다뤘다. 그들의 자세를 보면서 재료의 장점을 최대한 끌어내 빵을 만드는 것이 얼마나 중요한 일인지 배울 수 있었다.

지금도 선명하게 기억나는 장면이 있다. 제분실 안에 들어갔더니 벌레들이 마구 날아다니고 있었다. 쌀에서 생기는 날개 달린 벌레를 떠올리면 비슷할 것 같은데, 밀과 함께 딸려 들어온 벌레가 작업실 안을 날아다녔다.

제빵사 아저씨가 내게 거대한 청소기를 건네며 벌레들 좀 없애달라고 말했다. 청소기를 든 나는 마치 영화 〈고스트 버스터즈〉에 등장하는 유령 포획장치를 짊어진 주인공 같은 모습으로 이리저리 뛰어다니며 열심히 벌레들을 빨아들였다. 음식을 만드는 작업실에 청소기를 써야 할 정도로 벌레가 많다니, 믿기 힘든 광경이었다.

하지만 생각해보면 무농약 농작물을 사용하니 당연히 벌레가 나올 수밖에 없었다. 그 빵집에서는 매주 금요일마다 벌레가 번식하지 못하도록 맷돌부터 모든 작업실의 구석구석을 대청소한다. 농작물로 음식을 만드는 과정에서 벌레가 생기는 것을 자연스럽게 생각하고, 대청소도 제빵 일의 일부로 받아들이는 그들의 태도가 놀라우면서도 신선했다.

독일에서 배운
제빵의 마음가짐

7년 동안 많은 신세를 졌던 시니피앙 시니피에를 그만두고, 나는 또다시 제빵수련을 위해 독일로 3개월간 여행을 떠났다. 여러 지역의 빵을 먹어보고 10킬로그램 쪄서 돌아오는 것을 목표로 했다(실제로는 6킬로그램 밖에 못 찌웠다).

이전의 독일 여행에서 뼈저리게 느낀 점이 있었다. 독일어를 못하니까 얻을 수 있는 정보도 얼마 되지 않았다. 그래서 처음한 달은 베를린에서 홈스테이를 하면서 독일인 가정교사를 구해 독일어 공부에 몰두했다. 당연히 독일어로 독일어를 배웠으니 잘 모르는 부분도 독일어로 질문할 수밖에 없어서 궁금증을 해결하는 데 상당한 시간이 걸렸다. 매일 하루 네 시간씩 선생님과 일대일로 독일어 회화 수업을 했더니 저녁 무렵에는 과부하가 걸려 머리에서 김이 날 것만 같았다.

효율을 생각하자면 일본에서 독일어를 배우는 편이 더 나았을지도 모른다. 그렇지만 독일어를 할 수밖에 없는 절박한 환경은 회피도 변명도 허락하지 않았기 때문에 짧은 시간에 실력이 늘었다. 빵 만들기도 이와 비슷하다. 단 한 번으로 끝나는 승부가 실패를 허락하지 않았기에 필사적으로 발버둥 치던 예전의 내 모습이 묘하게 겹쳐보였다.

한 달간의 독일어 집중강의를 끝내고, 전국을 돌면서 맛있는 빵집을 찾아다녔다. 마을 한 곳에서 일주일 정도 머물렀고 마음에 드는 빵집을 찾는 데 2~3일 정도 걸렸다. 그리고 그곳의 빵이 어떻게 만들어질지 궁금증이 생기면 나는 그 자리에서 바로 이렇게 부탁했다.

"여기서 일하게 해주세요."

사전정보 없이 빵집 탐방을 다니면서 믿을 것이라고는 그 당시에 발휘되는 본능적인 감각뿐이었다. 독일 빵집에서만 볼 수 있는 유기농 식재료 인증을 받은 가게도 찾아가 보고 거리의 카페나 슈퍼마켓, 시장에 나가 그 지역 주민들에게 괜찮은 빵집을 알려달라고 물어보기도 했다. 직접 내 발로 찾아다니는 여행이라 그런지 이곳에서만 얻을 수 있는 정보를 가져가야겠다는 욕심이 생겼다. 신기하게도 열심히 돌아다니다 보면 동네에 소문난 카페나 과자점을 친절히 알려주는 사람들을 어디서든 만날

독일 여행에서 홈스테이 가족들과 함께

크리스마스 휴가를 보낸 별장

수 있었다.

여기다 싶은 빵집에서는 며칠이라도 좋으니 일하게 해달라고 부탁했다.

"빵 만드는 모습을 보고 싶어서 그러는데요. 새벽 2시에 와도 될까요?"

이렇게 물으면 처음에는 놀란 표정을 짓지만 일본의 제빵사라고 소개하면 의외로 기꺼이 받아주었다. 여기서도 제빵사가 연수를 위해 찾아온다는 독일의 뿌리 깊은 기술자 문화를 느낄 수 있었다.

독일 빵집의 작업실에 들어가면 매번 비슷한 상황이 연출되었다.

"먼저 이 빵을 성형해보세요."

그들은 아무런 설명도 없이 일부터 시켰다. 어디까지 할 수 있는지 우선 시켜보고 눈으로 확인했다. 이것이 독일의 제빵사 문화인 것인지 일단 내가 해내면 그다음 계속해서 새로운 과제를 내주었다.

독일에서 인기 많은 브레첼brezel 성형을 요청받고 내가 어떤 것부터 해야 할지 몰라 우물쭈물하자 제빵사 아저씨가 껄껄 웃으며 말했다. "역시 독일의 브레첼은 만들 줄 모르는구먼." 그러면서 자랑스러운 표정으로 내게 시범을 보였다.

일본에서 불쑥 찾아온 제빵사에게 편견 없이 '일단 시켜보자.'
며 기회를 주는 그들의 여유와 '해보지 않으면 알 수 없다. 직접
손을 움직여서 배우는 것이 최고다.'라는 그들의 가치관에서 나
는 많은 것을 배웠다.

히요리 브롯의 '브롯brot'은 독일어로 빵이라는 뜻이다. 로고
는 브레첼 모양으로 디자인했다. 히요리 브롯이 독일식 빵을 만
드는 빵집은 결코 아니다. 그렇지만 독일에서 배운 제빵에 대한
마음가짐을 이어가고자 독일을 연상시키는 두 가지의 상징물을
활용했다.

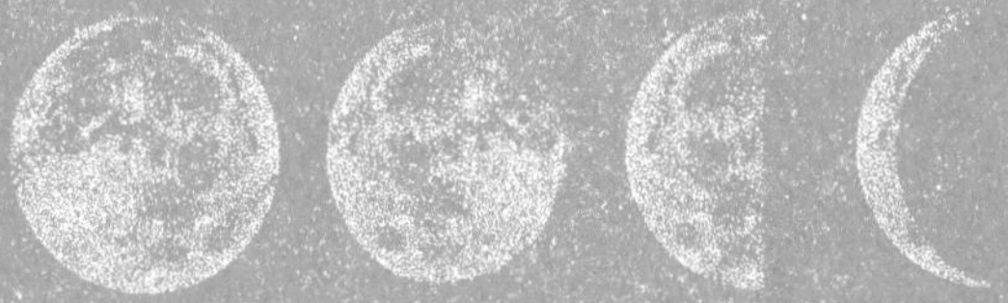

4장

생산자와
연대하다

달을 보며 빵을 굽다

생산자를 만날 수 있는
식재료를 쓴다

히요리 브롯의 기본 메뉴인 바게트와 식빵을 제외하고는 계절별 식재료에 따라 선보이는 빵이 다르다. 내가 특정 재료를 주문할 때도 있지만, 모양이 별로라 유통은 못하지만 맛있으니까 꼭 써보라며 생산자들이 보내 줄 때가 많다. 주문이든 제공이든, 재료를 선택하는 기준은 직접 만날 수 있는 생산자에게 재료를 받아 빵을 만든다는 것이다.

독일에서 3개월 동안 여행할 때였다. 독일 남부에 있는 빵집에서 일본과 독일의 제빵 환경에 관련해 대화를 나눈 적이 있었다. 그 빵집에서는 하나에 2킬로그램이나 하는 큰 빵을 매일 400개씩 만들었다. 독일에서는 하루 세 끼를 모두 빵으로 먹어서 이렇게 많은 양도 다 팔렸다.

"일본 빵집은 여러 종류의 빵을 조금씩 만들어야 해요. 그래서 힘들죠. 빵 한 개 가격이 독일의 세 배나 되거든요. 밀부터 식재료 대부분이 수입품이라 그럴지도 모르겠네요."

내 이야기를 듣더니 이상하다는 듯 되물었다.

"식사 때 주 메뉴로 먹는 음식인데, 수입품에 기대도 괜찮나요?"

듣고 보니 그렇다. 독일 제빵사는 이야기를 이어갔다.

"우리 식재료는 전부 60킬로미터 이내에 위치한 농장에서 들여오는 거예요. 누가 재배하고 수확하는지도 알 수 있고, 운반비도 별로 들지 않아요. 그래서 싸게 많이 만들어서 팔 수 있는 겁니다."

독일에서 빵을 싸게 살 수 있는 이유는 공업화의 발전과도 관련 있다. 빵 소비량이 일본과는 비교도 안 될 만큼 많아서 기계 설비에 투자를 많이 한다. 계량도 일본에서는 사람의 손을 빌리지만, 독일에서는 설정 버튼만 누르면 재료를 한 번에 계량해서 반죽까지 끝내는 대형 기계가 있다. 주택가에 자리한 작은 빵집에서도 이런 기계를 흔히 사용한다. 독일의 빵집 대부분이 이처럼 기계화되어 있다. 제빵 과정에서 기계를 사용하니 근무시간도 짧고, 회사원처럼 딱 여덟 시간만 일하고 퇴근할 수 있다. 일본과의 가장 큰 차이점이다.

기계화까지는 어렵더라도, 직접 만날 수 있는 생산자에게서 받은 재료를 소중하게 그리고 허투루 쓰지 않으며 빵을 만드는 일은 나도 충분히 할 수 있을 것 같았다. 독일의 제빵사가 알려준 '60킬로미터 이내의 식재료'라는 힌트가 히요리 브롯의 빵 만들기에 중요한 개념이 되었다.

생산자의 진심도 함께 담는다

히요리 브롯에서는 밀을 포함하여 거의 모든 식재료를 국내산으로 소비하고 있다. 사용하는 재료마다 사람들과의 만남에서 비롯된 인연이 담겨 있다.

히요리 브롯의 메뉴 중 우엉 빵이 있다. 이 빵에 사용하는 우엉은 시마네현 고우츠시에 위치한 한다 우엉はんだ牛蒡(유한회사 한

다)에서 보낸다. 수확한 우엉은 모두 자연재배로 키운 것들이다. 히요리 브롯이 문을 열기 6개월 전, 나는 한다 우엉의 대표인 한다 다카유키 씨와 인연을 맺게 되었다. 배커라이 콘디토라이 히다카의 임시직원으로 이와미 은광에서 일손을 거들던 때였다. 근처에 괜찮은 카페가 있다고 오너 셰프인 히다카 씨가 알려주어 가봤더니 마침 그 카페에 한다 씨가 있었다.

"저희는 우엉을 키워요. 그런데 자연재배라서 잡초 제거가 정말 힘들어요. 아, 혹시 시간 괜찮으면 아르바이트 하실래요?"

첫 만남부터 갑작스레 아르바이트를 권하는 솔직담백한 아저씨에게 나는 마음이 열렸다. 무슨 아르바이트인지 물었더니 우엉 파종 후 새로운 우엉 씨앗을 심은 이랑에서 자라는 작은 잡초를 손으로 뽑는 일이라고 한다. 밭이랑 하나의 길이는 약 50미터. 추운 계절에는 하우스 재배를 한다는데, 하우스 안을 기어가듯 이동하면서 잡초를 일일이 제거해야 한단다. 작업이 아니라 기합 받는 수준인 것 같았다.

가혹하다 싶을 정도의 자연재배 방식에 많이 놀랐지만 그래도 재미있을 것 같다는 생각이 들었다. 시간 날 때 방문하겠다는 약속을 하고, 얼마 후 나는 단바로 이사했다. 그리고 히요리 브롯이 문을 열기 전인 2016년 황금연휴 기간에 한다 씨의 농장을 방문했다.

50미터의 밭이랑 사이를 오리걸음으로 걸어가며 거의 깨알에 가까운 작은 잡초 순을 찾아내 하나씩 제거했다. 엄청나게 세심한 작업이었다. 세 줄의 밭이랑에서 잡초 제거를 끝내고 파김치가 된 나를 보더니 한다 씨가 웃으며 말했다.

"다른 아르바이트생들은 한 줄 하고 죽겠다고 아우성인데. 쓰카모토 씨, 뚝심 있네요."

자연재배란 농약이나 화학비료, 퇴비, 유기비료를 주지 않고 키우는 농법이다. 그렇다고 아예 방치하는 것은 아니다. 땅속에서 영양분의 순환이 제대로 이루어지도록 씨를 뿌리고 그곳에서 자란 다른 풀들은 자연스럽게 시들게 하여 뽑아낸다. 그렇기 때문에 작물이 영양분을 골고루 흡수할 수 있도록 잡초 제거를 게을리해서는 안 된다. 한다 씨 말로는 약을 전혀 먹이지 않고 아이를 키우는 것 같은 기분이라고 한다.

"조금만 변화가 생겨도 바로 손쓰지 않으면 정말로 모든 씨앗이 다 죽기도 해요. 그래서 짧은 여행도 다닐 수가 없어요."

한다 우엉은 쓴맛을 제거하지 않아도 된다. 아린 맛도 없고 달콤해서 생으로 먹을 수 있을 정도다. 수확하고 한참을 방치해도 시들지 않는 데다, 오히려 감칠맛이 더욱 풍부해지는 것을 보고 깜짝 놀랐다. 슈퍼에서 파는 채소는 크고 모양도 예쁘지만 대체로 2~3일만 지나도 맛이 싱거워진다. 한다 씨는 '생명력 강한 우엉을 키우고 싶다.'는 생각으로 시행착오를 거듭했다. 그러다 유기비료조차 주지 않는 자연재배가 정답이라는 확신을 갖게 되었다고 한다.

농장주가 어떤 마음으로 얼마나 고생하며 키운 식재료인지 알기 때문에 고마움이 사뭇 다르다. 조금도 낭비하고 싶지 않다. 재료의 감칠맛을 더 많이 끌어낼 수 있는 빵이란 무엇일지 진심으로 고민한다. 먹고, 만져보고, 향을 맡아보고, 오감을 동원해 제빵을 배웠다. 내게는 생산자를 직접 찾아가 일하고 경험하는 것이 너무도 자연스러운 과정이다. 식재료에 다가가는 가장 나다운 방법이기 때문이다.

새로운 빵을 만드는
사소한 영감

생산자와의 인연은 온라인에서 우연히 맺어지기도 한다. 하루는 메신저로 히로시마에 있는 허브전문농장 가지야梶谷농원에서 연락이 왔다. 내 이야기가 실린 잡지 기사를 읽고 '인생을 재미있게 사는 친구네. 우리 농장에도 꼭 한 번 놀러왔으면 좋겠다.'라고 생각했단다.

"혹시 오시면 근처 친구들도 불러서 회식자리를 마련할게요."

"그럼 저도 빵을 구워갈게요."

모처럼 가는 길이니까 허브를 이용한 빵을 만들고 싶다고 했더니 수확한 허브 중에 적당한 걸로 골라서 보내겠다는 답장이 왔다. 며칠 후, 칸칸이 나뉜 용기에 여러 종류의 허브가 담긴 택배가 도착했다.

상자를 열었더니 대부분 처음 보는 허브였다. 오레가노, 고수, 백리향 정도는 알겠는데 나머지는 봉투에 쓰인 허브 이름을 봐도 아리송했다. 아니스라는 허브는 이름 정도는 들어본 것 같기도 한데, 이래서는 맛의 이미지조차 떠올릴 수 없었다. 불안해진 나는 친구들에게 도움을 청하기로 했다. 페이스북에 사진과 함께 글을 올렸다.

"아니스라는 허브로 어떤 빵을 만들면 좋을까요?"

글을 올리자 많은 사람이 댓글을 달아주었다. 그중에 눈에 띄는 글이 있었다.

"아니스는 아이스크림이 맛있죠."

옛날에 아니스 맛 아이스크림을 좋아했던 기억이 떠올랐다. 그 생각으로 농장에서 함께 보내준 일본 박하와 아니스를 우유와 끓여 빵 반죽에 넣고 초콜릿을 섞어 빵을 구웠다. 초코민트 빵을 만들어보기로 한 것이다.

예전에 잘 알고 지내던 젤라또 가게에 놀러간 적이 있는데, 그곳 작업실에서 우유에 민트를 넣고 끓여 아이스크림을 만들었던 것이 생각났다. 우유에 넣고 끓여보자는 아이디어는 그때 기억에서 힌트를 얻은 것이었다. 처음 해보는 시도여서 반신반의하며 빵 반죽에 섞었는데, 맛이 정말 근사했다. 한동안 히요리 브롯의 신상품 메뉴에 올려 고객에게 판매하기도 했다.

허브 농장을 방문할 때 이 초코민트 빵을 들고 가서 함께 시식했는데 이렇게 향이 풍부한 빵은 처음 먹어본다며 정말 감격스러워했다. 이제는 SNS로 전 세계 사람들과 소통할 수 있다. 이 과정에는 새로운 빵을 만들 때 도움이 될 만한 힌트가 많이 숨어있어서 그냥 지나치기에는 너무 아깝다.

새로운 창조물은 모두 누군가를 흉내 내는 과정에서 탄생한다. 어떤 재료가 들어왔다는 글을 올리면 "맛있겠네요! 저희는 이런 식으로 조리해요." 또는 "지난번에 방문한 레스토랑에서 이런 요리가 나왔는데 맛있었어요."라는 댓글들이 달린다. 평범한 이야기들이지만 영감을 받아 정말 많은 새로운 빵을 만들 수 있었다.

|

생산자들의 농장을 직접 찾아가 보면 식재료가 우리 손에 들어오기까지 얼마나 많은 시간과 노력이 드는지 알 수 있다. 그들의 노고에 고개가 절로 숙여진다. 날씨 문제로 흉작이 들 때도 있고, 애써 수확을 해도 맛은 뛰어나지만 모양에서 탈락해 유통되지 못하고 버려지는 채소들도 상당하다. 생산자들은 이런 채소들을 두고 어차피 버릴 것이니 그냥 가져가라고 이야기하지만 맛도 좋고 빵으로 만들기에 충분한 상품은 정당한 대가를 지불하고 가져온다. 생산자들이 제대로 수입을 올려서 앞으로도 계속 좋은 식재료를 생산해야 히요리 브롯의 맛있는 빵도 계속될 수 있다.

'좋은 물건을 생산하는 사람들을 착취해서는 안 된다.'

빵집을 운영하면서 내가 가장 중요하게 생각하는 철학 중 하나다. 히요리 브롯에서는 초콜릿과 과일을 활용한 빵을 많이 만드는데, 초콜릿을 선택할 때도 신중하게 고른다. 내가 사용하는 초콜릿 중 벨기에 초콜릿 브랜드인 칼리바우트Callebaut®의 파이니스트 벨기에 초콜릿Finest Belgian Chocolate이 있다. 100년 역사를 지닌 기업으로, 벨기에 국내에서 카카오 빈부터 심혈을 기울여 제작한다고 한다.

나는 서아프리카 현지의 카카오 생산자들을 지원할 수 있는 수익 구조를 생각해 이 회사의 초콜릿을 주로 선택한다. 한 팩 구입할 때마다 수입의 일부가 생산자들의 농업 훈련이나 지역 프로젝트에 투자된다. 만드는 사람에게 제대로 된 대가가 돌아가는지, 나의 작업이 지구촌 어딘가에서 일하는 생산자의 노동력을 착취하는 것은 아닌지를 생각한다. 음식을 만드는 사람으로서 항상 고민해야 하는 부분이다.

그 지역에서 나는 재료를 사용한다

전국의 생산자들과 인연이 닿으면서 여러 곳에서 이벤트를 열어달라는 요청이 들어온다. 음식점이나 잡화점의 일부 공간을 빌려서 빵을 팔 때도 있고, 와이너리(포도주 양조장)에서 판매하기도 했다. 또 행사장을 찾은 고객들이 초청해준 덕에 갈수록 여행을 떠날 지역이 늘고 있다.

건포도 빵은 히요리 브롯의 인기 메뉴 중 하나다. 포도의 달콤함을 듬뿍 머금은 이 건포도는 오카야마현 니이미시의 산중에 있는 와이너리 도멘 텟타domaine tetta에서 주문한다.

전국의 와이너리를 직접 찾아다니는 와인 스타일리스트 오오노 아스카 씨와 친해지면서 도멘 텟타와도 인연이 닿았다. 오오노 씨와는 단바 근처 사사야마시에 위치한 한 음식점에서 열린 이벤트에서 처음 만났다. 지금도 둘이서 와인과 빵을 주제로 한 이벤트를 꾸준히 열고 있다.

하루는 그가 오카야마에 좋은 와이너리가 있는데 같이 가지 않겠냐고 하여 따라 나섰다. 끝없이 펼쳐진 넓고 아름다운 포도밭과 그 한가운데 자리한 현대적인 양조장이 눈에 띄는 와이너리였다. 포도밭 위로 내리쬐는 태양과 나무 사이를 스치는 바람이 기분 좋았다. 4월 말쯤이어서 열매는커녕 아직 잎도 무성하지 않았다. 그런데도 포도밭의 큰 규모와 마치 외국에 와 있는 것만 같은 경치에 마음이 설렜다.

원래 도멘 텟타의 포도밭은 경작을 포기한 농지였다고 한다. 잡초와 수풀이 우거져 황무지로 변한 땅을 다카하시 류타 사장이 일일이 개간하고 새로운 포도 묘목을 심으면서 조금씩 밭으

오카야마현의 한 식당에서 열린
〈빵과 와인과 자연의 은혜〉라는
이벤트에서.

전국의 이벤트에서 내가 만든
빵을 즐겁게 먹는 사람들의
모습을 지켜보는 것은
나의 행복 중 하나다.

로 가꿔나갔다고 한다. 지금의 와이너리로 모습을 갖추기까지 말로 다 설명할 수 없을 만큼 많은 노력을 기울였을 것이다.

처음 아키퀸 건포도를 먹고 너무 맛있어서 나도 모르게 탄성이 터졌다. 보통의 건포도보다 다섯 배나 크고, 씹으면 씹을수록 달콤함이 입안 가득 퍼졌다. 건포도가 이렇게 크면 도대체 얼마나 큰 포도를 쓰는 건지 감탄하면서 먹는데, 다카하시 사장이 내게 건포도를 쥐어주며 이렇게 말했다.

"이번에 와인 출시 기념회를 계획하고 있어요. 그때 와인과 잘 어울리는 빵을 구워주셨으면 좋겠어요."

나는 건포도를 만들기 위해 포도를 절이기에 가장 적합한 와인이 무엇이냐고 다카하시 사장과 와인 스타일리스트인 오오노 씨에게 물었다. 조언을 듣고 도멘 텟타의 메를로 레드 와인을 사용하기로 했다. 레드 와인에 절인 건포도를 반죽에 넣고 히요리 브롯의 식빵 레시피에 소량의 버터를 더하여 촉촉하면서 쫄깃쫄깃한 먹음직스러운 빵을 완성했다. 스스로도 흡족한 정말 맛있는 빵이었다.

건포도 빵 외에도 여러 종류의 빵을 만들어 와인 출시 기념회에 가져갔다. 오카야마 지역과 잘 어울리는 빵을 만들고 싶었다. 와이너리에서 단바의 작업실로 돌아오는 길에 지역 휴게소에 들렀는데, 눈에 띄는 재료가 있었다.

'맞다, 여기 수수경단이 유명하지. 수수가루가 있었어!'

수수가루를 보자 아이디어가 떠올랐다. 그 즉시 수수가루를 넣은 빵을 만들기로 했다. 수수경단은 오카야마현의 특산품이다. 요즘에는 찹쌀가루로 대신하기도 하지만, 원래는 수수가루를 사용한다. 오카야마에서 생산한 와인 출시 기념회 자리인 만큼 그 지역에서 생산하는 건포도와 수수가루를 이용한 빵을 선보였다. 이벤트가 끝나고 손님들에게서 엄청난 호평이 쏟아졌다.

와인 기념회를 계기로 이벤트에 초대를 받으면 어떤 사람들이 오고, 무엇을 기획하는 이벤트인지를 반드시 확인한다. 그 시기에만 만들 수 있는 빵을 완성해 많은 사람이 즐기는 모습을 지켜보고 있으면 행복하다. 이 행복 때문에 재미있어 보이는 이벤트에는 규모에 관계없이 참가한다.

빵 만들기라는 실험

건사과를 넣은 빵도 히요리 브롯의 인기 메뉴다. 건사과는 아오모리의 사과 농원 시라카미白神 아그리 서비스에서 주문한다. 효고현 사사야마시로 여행을 떠나게 되었을 때의 일이다. 우연히 들어간 가게에서 이벤트에 참가하게 되었다. 이벤트에 참석한 한 고객이 내게 말을 걸어오면서 인연이 시작되었다.

"아오모리의 사과 농원에서 일하는 사람입니다. 올해 처음으로 호밀을 재배했는데 괜찮을지 모르겠네요. 수확하면 빵으로 한번 만들어주시겠어요?"

빵으로 만들어달라는 요청을 계기로 내가 쓰는 식재료의 종류도 많이 늘었다. 그들이 내게 영업을 하는 것은 결코 아니다. '생산한 작물이 시중에서 인정받는 맛있는 상품이 될 수 있을지 궁금하다.'는 농장주들의 순수한 마음에서 출발한 일이다. 특히 밀이나 호밀은 경작할 토지와 기술은 있지만, 판매 수단을 갖추지 못한 농장이 많다.

또한 수확한 농작물이 맛있는지 스스로 평가하기 어렵다는 딜레마를 안고 있다. 대부분의 농장주는 빵으로 변신한 자신의 밀을 다른 사람들이 먹는다는 보람으로 내게 농작물을 보낸다.

시간이 흘러 아오모리로부터 훌륭하게 자란 호밀이 도착했다. 뒷맛에서 소박한 풍미가 느껴지는 정말 맛있는 빵이 완성되었다. 바로 농장에 연락했다.

"정말 맛있어요. 내년부터 대량 생산해서 저희 쪽에 보내주실

래요?"

내 이야기를 듣자 깜짝 놀란다.

"네? 저희 호밀이 상품으로 쓸 만한가요?"

호밀이 인연이 되어 농장 주력상품인 사과도 함께 사용하면서, 아오모리의 달콤한 건사과를 듬뿍 넣은 사과 빵이 탄생했다.

재료와 인연이 닿으면 일단 모두 빵으로 만들어본다. 단바의 한 농장에서 내게 수박을 보내온 적이 있다. 수박은 당분을 분해하는 효소가 강해서 반죽이 뭉치지 않을 수 있다는 생각이 들었지만 일단 재료를 넣고 작업실에서 하룻밤 1차 발효를 했다. 다음 날 아침에 반죽 상태를 확인하니 뭉치기는커녕 완전히 흐물흐물 녹아 있었다. 물이 된 반죽을 한동안 망연자실 바라보다 별수 없이 파운드케이크 비슷하게 구웠다. 빵이라고 할 수 없을 정도로 묵직하고 끈적거려 영 맛이 없었다.

"이럴 줄 알았으면 수박주스나 만들 걸 그랬네. 녹는 재료를 맛있게 만들 수 있는 방법은 없을까?"

중얼중얼 혼잣말을 하다가 또다시 다음 레시피를 구상한다. 맛의 이미지에 집중해서 빵에 넣을 재료를 선별하고 배합하지만, 재료의 특성과 빵이 어우러지지 않을 때도 있다. 그렇지만 귀한 식재료가 있고, 나 또한 진지한 마음으로 빵 만들기에 도전하고 있으니 언젠간 새로운 발견을 할 수 있는 거라고 생각한다.

빵 만들기라는 계속되는 실험 속에서 오늘도 히요리 브롯의 세상 둘도 없는 새로운 빵들이 만들어진다.

궁금증이 생기면
일단 움직인다

마음에 걸리는 것이 있으면 직접 몸을 움직여 눈으로 확인한다. 보고 싶은 사람이 있으면 바로 연락해서 만나러 간다. 가만 있지 못하고 촐랑거리며 돌아다니는 이 성격이 단바로 이사 와 살면서 빛을 보았다. 다양한 빵을 만들어내는 데 상당한 도움을 주는 것이다.

히요리 브롯의 개업을 준비를 하다가 불현듯 단바 시내에 있는 약초대중목욕탕을 찾았다. 목욕탕 안의 작은 매점에서 판매하는 '천연양조 나무통 간장'이라는 지역 명물이 눈에 띄었다. 나무통에 숙성한 간장에 호기심이 발동한 나는 바로 그 간장을 사서 집으로 돌아왔다. 제품정보 표기란에 적힌 제조회사는 아다치足立 양조였다. 바로 전화를 걸어 공장 견학을 신청했다.

원래는 스무 명부터 공장 견학을 할 수 있는데 넘치는 나의 열의에 관계자도 놀랐는지, 괜찮으니까 한번 보러오라며 신청을 받아주었다. 가보니 높이 4미터, 직경 3미터의 나무통이 공장에 줄지어 늘어서 있었다. 요시노 삼나무로 만든 간장통은 100년 이상 사용했다고 한다.

"효모균이 간장을 만듭니다. 그러니 미생물에게는 이 나무통이 가장 살기 좋은 환경이죠."

5대 아다치 사장님의 설명을 들으면서 조상들의 지혜에 감동하는 사이, 20분 예정이던 공장 견학을 혼자서 한 시간이나 써버렸다. 이후 나는 아다치 양조의 간장과 된장을 애용하고 있다. 지금은 사원들과도 교류가 많아져 함께 다른 발효식품을 배우러 다니는 사이가 되었다.

나는 일단 움직여서 궁금증이 해결될 때까지 직접 정보를 찾아나서야 직성이 풀린다. 될수록 직접 만날 수 있는 생산자의 상품을 사용하겠다는 나만의 원칙을 생각하면, 이런 성격이 꽤 도움이 되는 듯하다.

마시는 요구르트로 만든 브리오슈는 히요리 브롯의 빵 중 개
인적으로 내가 제일 좋아하는 레시피다. 이 브리오슈에는 '논자
에단바のんじゃえ丹波'라는 마시는 요구르트를 사용하는데, 단바유
업 주식회사가 생산하는 단바의 명물이다. 이 마시는 요구르트
를 넣고 반죽한 심플한 브리오슈에는 요구르트에 풍부한 유산
균이 있어서 반죽에 버터를 듬뿍 넣어 섞어도 담백하고 부드러
운 풍미가 살아 있다.

논자에단바는 단바로 이사 온 지 얼마 되지 않았을 때 주민 한
분이 추천해주어서 처음 먹어보았다. 절묘하게 조화를 이루는
새콤달콤한 맛과 부드러운 식감에 바로 매료되고 말았다.

소들이 한가롭게 노니는 낙농장에도 여러 번 갔다. 본인도 낙
농장을 운영한다는 단바유업 요시다 타쿠히로 사장은 "이 지역
초등학생들이 마시는 제품인데 책임감을 갖고 신선하고 안전한
제품을 만들어야죠."라고 말한다.

일반적으로는 유업회사와 낙농가가 계약을 맺고 제품을 생산

한다. 먼저, 낙농가가 소에서 밀커(착유기)로 우유를 짜놓는다. 그러면 유업회사가 그 우유를 수거해 검사 및 살균 처리하여 상품으로 출하한다. 낙농가에서 우유를 수거해 공장까지 이동하는 거리가 멀어질수록 갓 짠 원유도 시간이 지나면서 신선도가 떨어진다.

단바유업은 계약한 낙농가와 공장과의 거리가 매우 가까워서 그날 짠 우유가 다음 날이면 공장으로 옮겨지고, 빠르면 3일 후에는 시중에서 소비자들이 구입할 수 있다. 단바에 와서 우유를 마셔보고 너무 맛있어서 깜짝 놀랐다. 신선함을 그대로 유지하는 빠른 생산과정이 맛의 비결이라는 사실을 알게 되었다.

현재 단바유업에서 생산하는 우유는 단바시, 사사야마시, 야부시, 아사고시에 있는 모든 초등학교와 도미오카시 일부 초등학교에 급식으로 배급되며, 매일 1만 8,000개의 제품이 시중에 나온다. 단바유업의 영업을 담당하는 마쓰이 신키치 씨는 이렇게 말한다.

"단바의 아이들은 매일 등굣길에서 소들이 한가롭게 지내는 모습을 보며 학교에 가고, 낮에는 그 우유를 마시지요. 우유를 만드는 곳과 마시는 사람이 이렇게 가까운 지역은 여기 말고는 별로 없을 겁니다."

그 지역에서 만들고, 그 지역에서 소비한다. 생산자가 우유를 마시는 사람의 얼굴을 떠올리며 제품을 만들고 있다는 의미다. 요시다 사장 그리고 마쓰이 씨와 대화를 나누면서 그 사실을 다시 한번 느낄 수 있었다.

나는 기성품이라도 맛있고 훌륭한 제품이라면 얼마든지 사용할 마음이 있다. 논자에단바로 만든 브리오슈를 다른 지역의 빵 판매 이벤트에 내놓으면 단바의 식품을 광고하는 효과도 있다. 단바의 좋은 제품들을 소개하고 싶은 마음에 단바의 팥과 밀을 사용하기도 한다.

대표적으로 다른 지역 이벤트에 참가할 때 만들어 가져갔던 빵이다.

【블루베리 빵】

오쿠탄바奧丹波 블루베리 농원의 유기JAS인증을 받은 생 블루베리를 저온 오븐에서 서서히 중간 건조시킨다. 단바시 니시야마西山 주조장에서 제조한 단바 후카야마深山 백포도주에 절여서 화이트 초콜릿과 함께 넣고 굽는다.

【술지게미와 구로사야 다이나곤 팥으로 만든 빵】

단바시 가스가정에서 수확하는 귀한 구로사야 다이나곤黒さや大納言 팥을 첨채당(사탕무의 뿌리를 원료로 제조한 설탕-옮긴이)과 함께 보글

보글 끓인다. 팥 모양이 으깨지지 않도록 주의해야 한다. 이 팥은 예부터 진상품으로 바치던 공물로, 단바의 보배와도 같은 농작물이다. 니시야마 주조장의 향긋한 술지게미를 반죽에 넣고 섞는다.

【단호박 빵】

단바시에서 수확한 밀과 단호박의 조합. 산난정 다케오카竹岡 농원의 쓰루쿠비鶴首 단호박과 이치지마정 우무 농원이 직접 수확해 햇볕에 말린 무농약 밀이 만났다. 통밀을 그대로 받아서 가게에 있는 맷돌로 천천히 가루를 낸다. 완성된 밀가루의 향기가 일품이다.

내가 단바의 은혜에 보답할 수 있는 길은 빵을 통해서 단바의 풍부한 식재료들과 만나고 이 지역을 널리 알리는 일이다. 그곳에서만 먹을 수 있는 맛있는 음식이 지역에 대한 호감을 높이는 가장 중요한 요소이기 때문이다.

젖 짜기를 기다리는 소들과 요시다 씨.
단바의 우유는 만드는 곳과 마시는 사람이
매우 가까워서 신선한 우유의 맛을
온전히 느낄 수 있다.

단바의 깨끗한 공기와 물,
엄선한 모이가 맛있는 달걀을 만든다.

식재료를 존중하며
아끼는 마음

스트레스 없이 성장할 수 있는 환경이야말로 좋은 식재료의 기준이다. 그래서 재료를 선택할 때는 환경을 중요하게 살필 수밖에 없다. 나는 채소나 가축들이 어떻게 지내는지 보고 싶어서 시간 날 때마다 농장의 밭과 낙농장, 양계장에 수시로 들른다.

논자에단바 요쿠르트로 만드는 히요리 브롯의 브리오슈에 넣는 달걀은 단바시 히카미정에 있는 양계장 아시다芦田 폴트리에서 가져온다. 바람과 빛이 한껏 들어오는 개방계사에서 오카자키 오한과 보리스 브라운, 두 종류의 닭들이 방목되어 여기저기 돌아다닌다. 직원이 계사로 들어가면 마치 닭들이 아빠를 반기는 것처럼 주위로 모여든다.

모이는 이 지역에서 재배한 신선한 채소로 만든다. 유전자변형식품은 사용하지 않는다. 내가 먹고 싶을 정도로 싱싱한 채소들만 닭의 모이로 준다. 사육하는 닭을 위해서 자체적으로 채소 재배까지 시작했다고 하니 존경스러울 따름이다. 이렇게 스트레스 없이 성장한 닭은 건강하고 냄새도 나지 않는 정말 맛있는 달걀을 낳는다. 이 양계장의 직원들은 사육하는 닭에 대한 마음이 각별하다. 진심으로 존중하고 고마워한다. 그래서 노쇠한 닭도 그냥 폐기처분하지 않고 누군가에게 일용할 양식이 될 수 있도록 햄이나 소시지로 가공한다. 닭에 대한 진지한 마음을 느낄 수 있어 이곳에서 생산되는 달걀로 빵을 만들기로 했다.

달걀이 시중에 유통되려면 M 혹은 L 사이즈같이 정해진 크기의 상처 없고 깨끗한 상품이어야 한다. 히요리 브롯에서는 주로 외관상으로는 불합격인 B급 제품을 사용한다. 달걀에도 B급 제품이 있다니, 엄격한 시장 현실에 놀랄 따름이다.

될수록 모든 식재료는 내가 직접 만났거나 만날 수 있는 생산자들의 것을 쓰려고 노력한다. 지금도 밀을 포함한 대부분의 식재료는 국내산이지만, 2018년부터는 홋카이도의 밀 농장인 마에다前田 농산에서 수확하는 밀의 비율을 조금씩 늘려가고 있다.

시니피앙 시니피에에 들어가고 얼마 되지 않은 신입 시절, 시가 셰프와의 인연으로 알게 된 농장이다. 시가 셰프가 홋카이도 도카치에서 제빵 강습을 할 때였다. "쓰카모토가 빠진다고 해도 가게 제빵 작업에는 지장 없잖아."라며 나를 도카치에 조수로 데려갔다. 그때 마에다 농산 사장님을 처음 만났다. 사장님은 지금도 나를 만나면 아무것도 모르던 내가 독립했다는 것을 대견해한다.

히요리 브룻이 중요하게 생각하는

세 가지 가치가 있다.

함께 빵을 만드는 생산자들과의 인연,

자신이 일하고 머무는 단바에 대한 애정,

그리고 빵을 만든다는 것의 의미

히요리 브롯은 단바에서 생산되는
풍부한 식재료에 전국의 생산자들이 직접 보내는
밀가루와 채소, 과일, 달걀, 우유를 더해
그 시기에만 맛볼 수 있는 재료로
맛있는 빵들을 선보인다.

내가 제빵 일을 계속해나가는 것은,
많이 만들고 누군가가 그것을 남기지 않고
다 먹어주는 기쁨이 있기 때문이다.
되도록 한 개의 빵도 남기지 않고
고객에게 전하고 싶다.

빵은 내게 만드는 즐거움을 만끽하게
하는 최고의 실험 대상이다.
아무리 많이 만들어도 어디론가
사라지는 사랑스러운 존재다.

나는 나답게, 작지만 매일의 행복을 만들어나가는 일을 하고 싶다.

5장
—

좋아서 하는 일도
이윤이 남아야 한다

달을 보며 빵을 굽다

빵 만들기라는
비즈니스
|

"저는 달의 주기에 따라 빵을 구워요."

이렇게 말하면 대부분 나를 로하스족(건강과 지속적인 성장을 추구하는 사람들)으로 생각한다. 돈벌이는 부수적이고 인간과 지구의 건강을 가장 중요하게 생각하는 삶을 살지 않을까 생각하는 것이다. 채식주의자냐는 질문을 받는가 하면, 완전 무농약 채소만 쓰겠다는 감탄을 듣기도 한다.

기대와는 달리 전혀 그렇지 않다. 될수록 생산자들과 직접 만날 수 있는 식재료를 쓰겠다는 고집은 물론 지켜나갈 것이다. 그렇지만 농약이나 화학비료를 사용한 식재료를 절대 쓰지 않겠다는 엄격한 규칙은 두지 않는다. 생산자가 제대로 된 수익을 올리고 생활을 유지하기 위해 최소한의 농약을 사용하는 일은 당연하다. 오히려 너무 지나치게 무농약을 고집하다가 어려운 상황에 처하는 것이 문제라고 생각한다. 히요리 브롯의 제빵을 책임지는 소중한 생산자들이 거래를 통해서 확실한 이윤을 남겼으면 한다.

나는 스스로를 제빵사 이전에 합리적인 비즈니스맨이라고 생각한다. 저임금에 장시간 노동을 해야 하는 일이지만, 빵이 좋아서 하고 있다는 말로 일을 지속하기에는 분명 한계점이 있다.

빵 하나에 정당한 가격을 책정하고, 확실한 노동의 대가를 얻을 수 있는 아이디어를 기반으로 흑자를 냄으로써 꾸준히 이어나갈 수 있는 사업체를 꾸리고 싶었다. 히요리 브롯을 차리면서 3년차에는 흑자를 내겠다는 목표를 세웠다. 그런 확고함 덕분인지 어느 정도 목표를 달성했고, 부모님께 빌린 돈도 모두 갚았다. 처음에 세웠던 목표를 하나씩 이루어가고 있다.

히요리 브롯의 방식으로 빵집을 개업하려고 해도 꽤 많은 돈이 필요하다. 재료를 보관하는 대형 냉장고나 급속 냉동고, 전기오븐 같은 필수 아이템은 몇 천만 원이나 들어간다. 가게를 본격

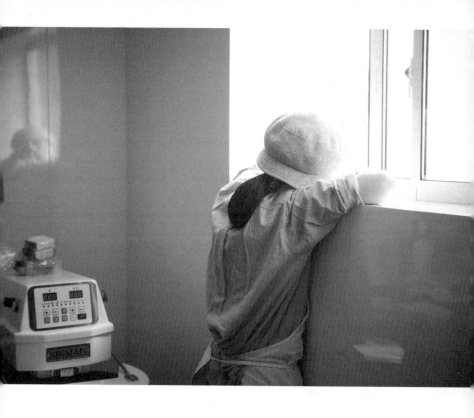

빵을 만들다 잠깐의 여유가 찾아오면
작업실에서 단바의 산을 바라본다.

적으로 운영하면 매달 작업실 전기료만 50만 원 이상은 나온다. 집주인 야마시타 씨의 비밀 장비들을 물려받아 웬만한 필수 집기들을 해결할 수 있었지만 초기에는 점점 늘어나기만 하는 지출 문제로 위장병이 생길 정도였다.

처음 독립을 생각하던 그때, 사회생활을 하며 많은 신세를 졌던 회사 선배들이 나의 가장 큰 조력자였다. 3년 3개월 동안 일한 리쿠르트에는 이미 독립해서 자신의 사업체를 운영하는 선배들이 많았다. 상담하기에 이 선배들만큼 좋은 전문가가 없었다. 한 선배에게 온라인 판매 형식으로 빵집을 열 계획에 대해 조언을 구했다.

"지금 생각해볼 수 있는 보틀넥(경제경영의 성장·확대를 저해하는 요인-옮긴이)은 네가 빵을 얼마나 만들 수 있냐는 거지."

그러면서 손익분기점은 얼마쯤이고, 도시에서 개업하는 것과 지방에서 개업하는 것의 장점과 단점이 무엇인지 짚어준다. 짧은 시간에 매상 수치에 대한 시뮬레이션과 그 결과까지 모두 보여주었다.

입사 2년차에 회사에서 프로젝트 리더를 맡은 적이 있었다. 그때 철저하게 훈련받은 것이 원가에 대한 개념이었다. '원가대비 이익률은 어느 정도인가.'를 끊임없이 질문하며 이윤을 내지 못하는 사업 아이디어는 지속할 수 없다는 냉혹한 현실과 마주

해야 했다. 원가대비 어느 정도의 가격을 책정할 것인가 하는 나의 판단 기준은 모두 그 시절에 만들어졌다. 또 광고를 다루는 사업인 만큼 아무리 좋은 상품을 만들어도 팔리지 않으면, 다시 말해 광고효과를 보지 못하면 의미가 없다. 고객의 손에 전해지지 않으면 가치가 없는 것이다. 이러한 점들을 언제나 냉정하게 돌아봐야 했다. 예상했던 효과를 보지 못해서 힘들었던 그때의 경험들도, 돌이켜보니 정말 감사한 배움의 기회였구나 싶어 놀랄 때가 있다.

맛있는 빵을 만들고도 홍보를 제대로 하지 못해 매출로 연결하지 못하는 제빵사들이 많다. 적자가 날 게 분명해 보이는 가격을 책정해 스스로 가격 파괴에 나서기도 한다. 그야말로 무리수를 두는 일이다. 제빵사뿐만 아니라 이러한 상황에 놓인 기술자나 생산자들이 적지 않을 것이다.

'원가가 이 정도니, 이 가격 아래로는 못 판다. 그렇지만 이 가격으로 팔려면 무엇을 더해야 할까?'

이렇게 생각할 수 있는 배경에는 3년 3개월간 회사에서 다진 나의 비즈니스 감각이 깔려 있다.

작지만 매일의 행복을
만들어나가는 일

스물여섯 살, 제빵사로서 늦은 시작을 하고 난 후 이미 오랜 경험을 쌓은 동료들을 보면서, 나는 왜 이렇게 멀리 돌아왔을까 후회하기도 했다. 그러나 지금 생각하면 지난 모든 순간들이 내게 의미 있는 시간이었다.

회사원이 되길 정말 잘했구나 싶은 때가 있었다. 회사 사람들과 이야기 나누면서 보다 자유로운 사고를 할 수 있었기 때문이다. 회사에서 만난 사람들은 좋은 의미로 자기중심적이면서 스스로에 대한 확신이 있었다. 그리고 본인이 하는 일이 사회를 좋은 방향으로 이끄는 데 기여한다고 굳게 믿었다. 회사 안에서도 새로운 프로젝트들이 수시로 진행된다. 미련 없이 퇴사하고 회사를 차려 생계를 책임지는 사람도 많았다. 한편 시니피앙 시니피에는 2~4명의 동료들과 하루 열두 시간 넘게 같은 장소에서 매일 똑같은 업무를 해야 했다. 회사생활과는 정반대의 환경이었다.

사회가 나아가야 할 방향을 모색하고 지금까지 없던 새로운 가치를 창조하는 비즈니스의 장과 오직 빵과의 외로운 싸움을 이어가는 수련의 장. 이 두 곳을 경험하고 나니 양쪽 모두 훌륭한 일이라는 생각이 들었다. 그리고 이런 결론을 내렸다.

"사회를 바꿔가는 일은 나보다 더 잘할 수 있는 사람들이 많아. 나는 나답게, 작지만 매일의 행복을 만들어나가는 일을 하고 싶어."

매력적인 사람들은 어디에나 존재한다. 나는 온라인 판매라는 자유로운 방식으로 그때그때 만나는 사람들과 무슨 일이든 같이 해나가면 된다. 이 사실을 깨달은 후에야 히요리 브롯의 가치관이 탄생할 수 있었다.

내가 만나는 사람들이
나의 인생을 만든다

회사를 그만두고 제빵사가 되겠다고 선언했을 때 대부분의 동료와 선배, 상사가 나를 말렸다. 그도 그럴 것이 급여는 3분의 1로 줄어드는데 근무시간은 새벽부터 밤늦게까지 이어지는 힘

겨운 육체노동이었으니 말이다. 내가 퇴사한다는 소문을 들은 임원 중 한 분은 나를 따로 불러 여러 유의해야 할 점들을 이야기해주기도 했다. 주변의 필사적인 설득을 뿌리치고 나온 나를 홀로 먼 여행길을 떠나는 딸을 걱정하는 부모처럼 진심 어린 눈길로 지켜봐주었다. 제빵사가 되겠다는 황당한 말을 남기고 회사를 떠난 내가 경력을 쌓고 무사히 개업했다는 소식이 전해지자 당시 반대했던 사람들도 응원의 메시지를 보내왔다.

어느 동네를 가도 맛있는 빵이야 쉽게 살 수 있다. 요즘 같은 시대에 단바라는 시골에서 7종류에 약 36,000원 여기에 배송료 약 12,000~13,000원을 더 받는 비싼 빵을 대체 누가 얼마나 사줄까. 히요리 브롯이 만드는 빵의 가치를 알아주는 사람은 있을까. 모든 것이 불투명한 상황이었다.

나는 초기투자금이라는 부담과 많은 불안요소들을 애써 외면하고, 온라인 판매를 시작했다. 이때 가장 먼저 주문해준 사람들이, 함께 걱정하면서도 응원의 마음으로 나를 지지해준 전 직장동료들이었다. 한 사람 한 사람이 홍보대사가 되어 다 같이 SNS에 히요리 브롯의 광고를 올려주기까지 했다. 자신에게 걸맞은 직업을 찾아 열정적으로 일하는 내 모습을 흐뭇하게 바라봐주었다. 내가 성장하는 모습에 함께 기뻐했고, 훌륭한 결과물을 널리 알려주었으며, 그것으로 기쁨을 느꼈다. 내게 그 친구들의 영향력은 정말 대단했다. 회사생활을 하며 쌓은 인맥이 없었더라면 히요리 브롯의 첫해를 무사히 넘기지 못했을 것이다.

그들은 해내고자 하는 의지 하나로 행동하는 사람을 진심으로 응원해주었다. 그 친구들의 기대를 저버리지 않으려고 매일 빵을 만들면서 나는 이렇게 생각한다.

'살면서 만난 사람들이 나의 인생을 만드는구나.'

친구들을 떠올릴 때마다 절실하게 느낀다.

하루 14건, 멀리 있는 가족에게 보내는 마음으로 빵을 굽는다

현재 5,000여 명 정도의 고객들이 히요리 브롯의 빵을 기다리고 있다. 하루에 배송할 수 있는 분량은 14건. 7종류 세트로 14건이면 하루 98개의 빵을 만들어야 한다. 박스에 빵을 포장하는 작업까지 혼자 하고 있어서 이 정도가 최선이다. 때에 따라서는 적어도 5년 이상의 기다림을 감수하고 주문하는 고객들도 있어서 그저 죄송스러운 마음이다.

빵을 만드는 월령 기간에는 아침부터 다음 날 새벽까지 빵 만드는 작업에만 열중한다. 빵의 배합은 사용하는 재료의 상태에 따라 매번 달리해야 한다. 그러니까 7종류의 빵을 만드는 과정은 늘 똑같은 작업의 반복이 아니다. 매일 해본 적 없는 새로운 시도를 하는 것이다. 이를테면 4종류 이상의 밀가루를 섞어 쓸 때도 있다. 습도나 시간을 미세하게 조절하면서, 구울 때는 빵의 향을 확인하고 몇 분이나 더 구울지 결정한다. 배합에 넣을 재료 손질에도 손이 많이 가서 하루 종일 작업실 이곳저곳을 돌아다니느라 정신이 없다.

작업실에서 집까지 차로 10분 거리지만 빵을 만드는 기간에는 집에서 씻고 바로 작업실로 되돌아오는 생활을 한다. 월령에 맞춰, '지금은 빵을 굽는 기간'이라 정해놓고 그 기간에만 일을 하는 것이기에 이러한 생활도 지속할 수 있다.

누군가는 고객을 5년씩이나 기다리게 하기보단 조금이라도 시간을 단축할 수 있는 방법은 고민해야 하는 것 아니냐고 생각할 수도 있다. 물론 식재료에 따라서 배합을 일일이 바꾸지 않고, 공정을 통일하면 하루에 만들 수 있는 양은 늘어날지 모른다. 그렇지만 그런 식이라면 분명 내가 버티지 못한다. 나는 신선한 재료를 발견하고 재료마다 다른 풍미를 어떻게 하면 잘 살릴 수 있을지 생각하고 시도해보는 즐거움으로 제빵 일을 계속

빵 만드는 월령 기간의 하루 일정

8:30	작업실에서 커피와 빵으로 아침식사
8:30~9:00	전날 말려둔 행주나 설거지 한 볼bowl 등을 정리하며 제빵 준비
9:00~15:00	전날 재료를 배합한 빵을 분할·성형, 소성(가마 넣기)한다. 완성되면 바로 급속냉동고에 넣는다.
15:30~17:00	꽁꽁 언 빵을 포장해서 종이상자에 담는다.
17:00	거래처인 야마토 운송에 맡기면 배송 완료
17:15~19:00	작업실 청소와 설거지
19:00~19:30	드디어 휴식시간. 저녁을 먹는다.
19:30~20:00	고객에게 온 메일 확인, SNS에 이벤트 공지 등 업로드
20:00~ 다음 날 3:00	내일 구울 빵의 재료를 섞어놓는다. 재료의 손질과 계량, 믹싱(믹서에 넣을 것과 손으로 섞을 것이 있다), 펀치, 발효까지 끝낸다.
3:30	작업실 옆에 있는 휴게실에서 잠을 청한다.

일주일 일정

월요일	주간 : 고객응대, 배송전표 작성 등 야간 : 재료 배합 작업
화요일~목요일	주간 : 소성 야간 : 재료 배합
금요일	주간: 소성
토요일	휴일 ※빵 판매 이벤트가 있을 때는 전날 밤부터 재료 배합, 오전 중에 소성, 이벤트 장소로 이동, 판매
일요일	식재료 발주와 사전준비, 고객응대 등

할 수 있는 사람이기 때문이다.

당연히 힘들 때도 있다. 그렇지만 무슨 일이든 금세 싫증내는 내 성격이 계절마다 달라지는 제빵 작업에 기꺼이 도전하게 만든다. 고객들에게도 언제나 색다르고 깜짝 놀랄만한 빵을 선사하고 싶다.

"우리 가족이 먹을 음식이라고 생각하면서 만들어요."

히요리 브롯에 식재료를 보내는 생산자들과 대화하면서 자주 듣는 말이다. 소중한 사람들이 먹을 음식이니까 보낼 때도 넉넉하게 수확하고, 건강하게 살기를 바라는 마음으로 재배한다. 그래서 채소마다 맛있는 때를 놓치지 않고 어떻게든 빵으로 만들어서 고객들에게 보내고 싶다. 이런 생각이 음식을 만들 때 가장 바람직한 마음가짐이 아닌가 생각한다.

빵을 만들 때는 다른 생산자들처럼 나 역시 고객들의 '이모'가 된 기분으로 일한다. 이번에 토마토가 잘 익었다며 박스에 한가득 담아 보내는 시골 이모의 마음 말이다. 나는 빵을 만들 때도 그 시기가 아니면 먹을 수 없는 놀라운 맛을 담아 전하고 싶다. 생산자들에게 "이번 주는 맛이 제대로 올랐어!"라는 연락을 받으면 조바심이 난다. 빵으로 만들지 않기에는 너무 아까운 이 맛의 순간을 놓치고 싶지 않다. 나는 또 결국 그 자리에서 바로 주문을 넣고 밤마다 작업준비를 하느라 쫓기는 나날을 보낸다.

빵 만들기 이외에 많은 시간과 정성을 들이는 일이 있다. 바로 고객들과 메일이나 전화로 소통하는 일이다. 히요리 브롯은 물건을 만드는 사람이 주문을 받는 수주受注 생산 방식을 취하고 있어서 주문과 동시에 신용카드 결제까지 완료된다. 그러니까 5년 이상 기다리는 분들도 이미 돈을 지불한 상황이다. 너무 오래 기다리게 하는 것 같아 면목이 없다. 그만큼 기다리는 동안 가능한 불편함 없이 소통하려고 한다.

주로 받는 메일은 "언제 받을 수 있어요?"라는 문의나 "아무래도 5년은 못 기다릴 것 같으니 주문을 취소해주세요."라는 내용 그리고 배송된 빵이 정말 맛있었다는 감동과 감사의 인사말까지 다양하다.

빵 만드는 작업에만 집중하고 메일 관리는 아르바이트생에게 맡길 수도 있다. 그렇지만 히요리 브롯은 온라인 판매라서 이 한 통의 메일이 고객들과의 유일한 소통창구다. 여기서 손을 떼면 고객과 직접 마주할 수가 없다. 메일을 주고받으며 쌓아온 고객과의 신뢰관계를 소중히 하고 싶다.

빵을 직접 판매하는 이벤트에서도 전국에서 빵을 사러 오는 고객들이 긴 행렬을 이룬다. 기다리게 해서 죄송스럽지만, 오랜 기다림 끝에 기분 좋게 빵을 사가서 행복한 마음으로 맛있게 먹어준다면 기다림의 시간까지도 용서받을 수 있을 것 같은 기분이 든다.

온라인 판매도 마찬가지다. 몇 년을 기다려야 하는 고객이라도 문의를 하면 반드시 답장을 한다. 혹시라도 불안할 고객과 소통하는 것이다. 오래 기다린 끝에 받은 빵이 정말 맛있다면 긴 기다림의 시간도 추억이 되지 않을까 생각해본다. 지나치게 자의적인 해석일지도 모른다. 하지만 사소하게 주고받는 대화들도 내가 직접 하나하나 응대하고 싶다는 마음은 어디까지나 진심이다.

고객과 소통하면서 새로운 빵에 대한 힌트나 히요리 브롯의 운영에 관해 조언을 얻을 때도 있다. "이런 배송 시스템을 이용하면 훨씬 원활하게 처리할 수 있을 거예요."라는 조언부터 "이 지역은 이 식재료가 맛있어요." "혹시 이 지역 여행하실 거면 빵 판매 이벤트에 딱 맞는 좋은 카페가 있어요."라고 정보를 주는 분들도 있다. 이렇게 얻은 정보로 여행을 다녀온 지역도 여러 곳이다.

간혹 긴 기다림에 지쳐 크게 화를 내는 고객들도 있지만, 그런 고객일수록 빵에 많은 기대를 하는 분인 경우가 많다. 끝에는 히요리 브롯의 좋은 고객이 되어준다.

2017년 9월, 후지TV에 빵 만드는 내 모습이 전파를 타자, 방송시간이었던 23시부터 분당 100건의 주문이 쇄도해 홈페이지의 서버가 마비된 일이 있었다. 사실 나는 이미 10년이 넘도록 텔레비전 없는 생활을 해와서 텔레비전의 영향력이 어느 정도인지 잘 몰랐다.

방송을 전후로 큰 이벤트가 잡혀 있어서 방송이 나가고 이틀이 지나서야 겨우 홈페이지에 들어갈 수 있었다. 5,000건이 넘는 난생처음 보는 엄청난 주문량을 눈으로 확인하고 가장 먼저 한 생각은 '큰일 났다. 환불조치 해야겠네.'였다. 당시에는 주문이 많이 들어와서 좋다고 생각할 만한 여유가 전혀 없었다.

방송을 보고 "쓰카모토네 빵을 먹어보고 싶어요."라고 하는 분들 중에는 홈페이지의 공지를 확인하지 않고 주문한 분들도 적지 않았다. 결국 백날 기다려도 오지 않는 빵 때문에 분노의 항의를 하는 고객들도 있었다. 화가 난 분들에게는 일단 전화를 건다. 그리고 구체적으로 어떠한 점에서 화가 났고, 어떻게 대처를 해주었으면 하는지 묻는다.

물론 이때도 한 가지 원칙이 있다. 왜 빵이 안 오느냐는 항의에는 절대로 사과하지 않는다.

"달의 주기에 따라 저 혼자서 빵을 굽기 때문에 언제 배송될지는 약속할 수 없습니다. 기다려주시기 바랍니다."

히요리 브롯을 처음 열 때부터 홈페이지에 분명히 공지한 내용이다. 고객들이 이런 나의 생각도 이해해주었기에 빵을 구입했다고 생각한다. 이 전제가 없으면 '식재료가 가진 최고의 맛을 살려 그 시기에만 맛볼 수 있는 빵을 배송'하는 히요리 브롯의 콘셉트는 무너질 수밖에 없다.

화난 고객에게는 이 전제를 정중하게 이야기한다. 메일로 안 되면 전화를 걸어 몇 번이고 반복해서 설명한다. 빠른 배송을 위해 일단 직원부터 늘리고 천편일률적인 레시피에 따라서 찍어내듯이 빵을 만든다……. 히요리 브롯에 주문하는 고객들이 원하는 것은 이런 빵이 아닐 거라고 생각한다.

내가 할 수 있는 일은 하루 14건의 주문 빵들을 부지런히 만들어 배송하는 것뿐이다. 이런저런 대화를 이어가다 보면 고객이 점점 속내를 털어놓기도 한다.

"사실 금혼식에 맞춰서 아내한테 선물하고 싶었거든요."

"아기가 태어나서 친척들 모이는 자리에서 빵을 대접하고 싶었어요."

고객의 이런 솔직한 이야기를 들으면 정말 가족 같은 기분이 든다. 고객들과의 대화는 모두 기록으로 남겨두고 있다. 다음에

고객과 생산자들이 보내온 편지는
계속되는 제빵 작업에 지친 나를
다시 일깨우는 활력소다.

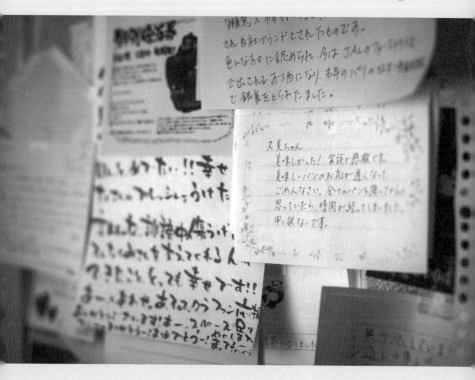

이야기를 나눌 때 좋은 대화가 되길 바라서다.

제빵사는 상당한 육체노동을 해야 하는 직업이라 50살까지만 꾸준히 해도 성공한 셈이다. 나도 5년 이상 기다리는 고객을 위해 계속 빵을 만들다 보면 이래저래 40대가 되고, 머지않아 50살을 맞이하게 될 것이다. 고객을 모으려고 광고에 시간을 허비하지 않고 제빵에만 집중할 수 있으니 얼마나 행복한 일인가. '기다리게 하는 것 말고는 방법이 없을까?'라는 고민을 수없이 한 끝에 어렵게 내린 결론이다.

고객과 생산자들의 목소리는, 계속되는 제빵 작업에 지친 나를 다시 일깨우는 활력소다. 보내온 편지는 작업실 문에 가득 붙여두었다. 그리고 틈날 때마다 몇 번이고 읽으면서 혼자 바보처럼 웃는다.

다른 분야와의 공동작업이 주는 영감

빵을 만들지 않는 여행 기간에는 생산자들을 찾아가기도 하지만, 빵을 직접 판매하는 이벤트에도 참가한다. 생산자와의 인연이나 여행지에서의 우연함 만남을 계기로 자신의 가게에서도 판매해보지 않겠느냐는 이벤트 제안을 많이 받는다.

음식점이나 와이너리의 일부 공간에서 하는 이벤트 외에도 다양하다. 그림책 작가의 기념회나 오카야마현 구라시키시의 의류 브랜드 주식회사 존불JOHNBULL에서 출시한 에이프런 판매 이벤트처럼 최근에는 빵과 직접적 관련이 없는 다른 직종과의 공동작업도 진행하고 있다.

시니피앙 시니피에 시절 시가 셰프는 요리사나 파티시에, 소믈리에처럼 제빵사가 아닌 다양한 사람들과의 인연도 중요시 여기면서 인맥을 넓혔다. 나 역시 그런 시가 셰프에게 많은 영향을 받았다.

새롭게 도전한 식재료 중 생햄을 넣어 만든 빵이 있다. 도쿄에서 유명한 생햄 전문점인 샐루메리아 69SALUMERIA 69에서 만든 햄이다. 서로 잘 알고 지내던 도쿄 나카노의 소바집 라 스트라다 La Strada와 시부야의 제빵 클래스 '와인이 있는 열두 달'을 통해서 샐루메리아 69와 인연을 맺었다. 이와미 은광을 무대로 전국 셰프들이 혼신의 요리를 선보이는 '여행하는 한 끼' 이벤트에도 함께 참가했다.

"생햄은 열을 가하면 짠맛이 강해져서 맛이 없어요." 샐루메

단바시 아오가키정에서 열린 축제에
카페 마노와 나란히 참가한 모습

리아 69 신마치 요시노부 씨의 충고를 듣고, 가가와현의 발효 차인 기석차基石茶와 섞어 만들었더니 생각보다 훨씬 맛있는 빵이 완성되었다. 기쁜 마음으로 빵을 보내자, 원래 빵은 잘 안 먹는데 정말 맛있었다고 말했다. '음식'을 사랑하는 다양한 분야의 사람들과 맺은 인연이 이런저런 재료로 빵을 만들어보겠다는 나의 창작 욕구를 자극한다.

즐겁게 계속할 수 있는 새로운 일의 방식

내가 스물여섯 살의 나이에 제빵의 길로 들어섰을 때 주변의 또래 제빵사들은 이미 오랜 경력이 있었다. 내 입장에서는 모두 대단한 베테랑들이었다. 어떤 공정을 거쳐 빵이 완성되는지도 몰랐던 나는 아무리 시간이 지나도 따라잡지 못할 것만 같은 조급한 마음이었다. 그런데 지금 시니피앙 시니피에에서 근무했던 직원들 가운데 개업을 한 여성 직원은 나 하나뿐이다.

기술이 뛰어난 동료 제빵사들이 다들 일을 그만두는 모습을 보면서 너무 아깝다고 생각했다. 근무시간이 지나치게 길어서 그만둘 수밖에 없긴 했다. 결혼해서 아이가 생기면 빵집에서 일하기란 현실적으로 불가능하다. 혼자 감당해야 하는 업무량도 많고, 제빵사가 오랜 기간 갈고닦아온 감성과 충돌하는 부분도 있다. 아이가 감기에 걸려 출근하지 못하겠다는 말을 꺼내기는 결코 쉽지 않다. 기술을 익히고자 그렇게나 많은 시간과 노력을 들이는 데도 일을 계속할 수 없다니 정말 안타깝다.

제빵사로 계속 일하면서 남편이나 파트너에게 집안일과 육아를 맡기는 방식도 생각해볼 수 있다. 그렇지만 제빵사의 뻔한 수입에만 기대기란 현실적으로 어려운 일이다. 오히려 제빵사가 아닌 다른 길을 찾는 것이 경제공동체인 부부가 살아가는 데 훨씬 합리적으로 보인다. 많은 사람이 오랫동안 갈고닦은 전문기술을 갖고도 이렇게 손을 놓는다.

나는 결혼을 하고 아이가 생겨도 여성 제빵사로 계속 일할 수 있는 방법을 히요리 브롯을 통해서 실현하고 싶다. 온라인 빵집이니까 아이가 아파서 문을 열지 못할 일이 없다. 제빵 일을 그만두는 여성 기술자들이 "안정되면 다시 빵을 만들 거예요."라는 이야기를 한다. 당장의 생활과 병행하기 힘들어서 제빵사의 길을 포기한 사람들에게 새로운 가능성을 제시하고 싶다. '이 방법으로 하면 계속할 수 있다.'라는 길을 보여주고 싶다.

히요리 브롯의 빵은 주변 빵집에서 파는 제품에 비해 상당히 비싸다. 그렇지만 빵을 만들기 위한 재료비, 인건비 등을 생각하면 그렇게까지 터무니없는 금액도 아니다. 단팥빵은 보통 시중에서 한 개에 1,500원 정도 한다. 오히려 어떻게 하면 그 가격에 팔 수 있는지 묻고 싶다. 모든 사람이 약 50,000원으로 고작 7종류의 빵을 구입하는 가치관을 이해하지는 못할 것이다. 그렇지만 나는 '정성을 다해 만든 맛있고 몸에 좋은 제품'을 싼값에 대충 팔지는 않겠다는 마음으로 최선을 다하고 있다.

빵을 만드는 월령 기간이 지나면
나는 작업실을 비워두고
여행을 떠난다.

나의 빵집,
히요리 브롯의 레시피

- 여기에 소개하는 레시피에는 생산자들에게 직접 주문한 재료들을 사용했습니다. 구하기 힘든 재료는 주변에서 구하기 쉬운 재료들로 바꾸면 됩니다.

- 기본적으로 빵은 밀가루, 물, 효모, 소금만 있으면 완성됩니다. 르방 액종(천연발효종)이나 몰트는 맛에 깊이를 더하지만 생략해도 괜찮습니다.

- 품종이나 제분 시기가 다른 밀가루는 물을 넣는 방식도 완전히 다릅니다. 레시피와 다른 종류의 밀가루를 쓸 때는 표시된 양에서 3% 정도 적은 양부터 시작해 적절히 조절하세요.

- 오븐은 가정용과 업소용의 온도가 다르게 표시됩니다. 시간을 정확히 맞춰 구울 수 있도록 온도 조절에 신경 쓰세요.

- 발효실이나 전자저울이 없을 때는 상온에서 반죽이 두 배 정도로 부풀어 오를 때까지 발효해 분할하면 됩니다. 반죽이 두 배로 부풀어 오른 직후 다음 단계로 진행할 수 없을 때는 냉장고에 잠시 넣어두세요.

캄파뉴

밀의 깊은 풍미가 느껴지는 매일 먹고 싶은 빵

히요리 브롯의 작업실에는 맷돌이 있다. 홋카이도 도카치의 마스야 빵ますやパン이라는 역사 깊은 베이커리에서 물려받은 것이다. 이 맷돌은 밀을 갈 때 천천히 갈아서 마찰열이 발생하지 않아 밀 특유의 풍미가 사라지지 않는다. 그 덕에 풍미 그대로를 느낄 수 있다.

히요리 브롯의 캄파뉴는 1년에도 몇 번씩 레시피가 바뀐다. 여기서 소개하는 레시피는 그중 하나다. 단바의 자연농법 농장인 우무 농원에서 수확한 후쿠이 밀을 작업실에서 직접 제분해 만든다.

우무 농원을 운영하는 다카하시 씨 부부는 나와 거의 비슷한 시기에 단바로 이사했다. 그래서인지 어쩐지 동기 같다. 자연재배보다도 훨씬 더 자연에 가까운 농법을 실천하는 두 사람. 자연농법은 자연 생태계가 망가지지 않도록 무리하게 깊이 경작하지 않는다. 풀과 벌레, 흙속에 사는 균들이 함께 공존하면서 자란 작물을 일부 나누어 갖는 방식이라고 생각하면 된다.

공교롭게도 농원에서 밀을 처음 수확한 해와 히요리 브롯이 문을 연 해가 같아서 함께 성장해가자는 의미로 밀을 주문해 사용하고 있다. 처음에는 밀가루로 받았는데, 다음 해부터 통밀을 그대로 들여오고 있다. 맷돌로 직접 갈아 사용하는 것이 우무 농원의 부부가 나아가

작업실에 있는 맷돌. 천천히 시간을 들여 밀을 간다.

고자 하는 삶의 방식에 가깝다는 생각이 들어서였다.

작년 수확철에 황금빛으로 물든 밀밭에서 나도 일을 거들었다. 손으로 직접 수확해서 햇볕에 말린 밀이 어떤 것인지 조금이나마 피부로 느껴볼 수 있었다. 직접 해보고 나서야 알았지만, 밀 수확은 정말 보통 일이 아니었다. 한 줌의 밀가루를 얻기 위해 얼마나 많은 시간과 노력 그리고 애정을 쏟아붓는지 모른다. 농장에서 일하는 분들에 대한 감사와 존경의 마음이 더욱 커졌다.

이 캄파뉴는 버터나 잼만 발라도 맛있고, 요리에 곁들이거나 스프에 찍어 먹어도 근사하다. 샌드위치를 만들어도 잘 어울린다. 씹을수록 깊은 맛이 입안 가득 퍼지면서 계속 찾게 되는 매력이 이 빵의 자랑이다. 식탁 위의 밥을 대신할 수 있는, 매일 먹고 싶은 메뉴로 만들고 싶다.

179

재료

	베이커스 퍼센트	홈베이킹 시 적정량 (가루 200g)
후쿠이福井산 밀을 맷돌로 간 전립분(우무 농원)	15	30
유메카오리 (준강력분, 무나카타 팜)	15	30
몽스틸 (준강력분, 아그리 시스템)	30	60
E65 (준강력분, 에베쓰江別 제분)	40	80
아메드 소금	1.9	3.8
몰트 (동일한 양의 물로 희석한 것)	0.8	1.6
인스턴트 드라이이스트	0.03	0.06
르방 액종(밀을 발효시킨 자체제작 천연효모)	2	4
물	78	156

만드는 법

1 준비한 재료를 모두 믹서에 넣고 반죽한다. 과반죽이 될 수 있는 배합이니 주의할 것.

2 20분 후에 다시 한번 반죽을 정리하며 가볍게 펀치한다.
   ※ 펀치에는 발효를 촉진하는 펀치와 반죽의 탄력을 높이는 펀치가 있는데, 여기서는 반죽의 탄력을 높이기 위한 과정이다.

3 20℃ 정도의 발효실에서 15시간가량 1차 발효한다.

4 500g씩 분할한 다음 천을 대고 덧가루를 뿌려둔 발효 바구니에 동그랗게 성형한 반죽을 이음매가 위로 오도록 넣어준다.

5 2시간 정도 상온에서 2차 발효한다. 완성된 반죽의 온도나 그날의 기온, 습도에 따라 발효 시간이 크게 달라질 수 있으니 중간중간 만져보면서 반죽이 풀어진 정도를 확인한다.

6 반죽 위에 밀가루를 살짝 뿌리고 쿠프(칼집)를 넣은 다음 상불 250℃, 하불 240℃의 오븐에서 35~40분 정도 굽는다. 굽기 전 오븐 안에 분무기 등을 이용해 수분을 채운다.
   ※ 바구니에서 꺼낼 때는 반죽의 가스가 빠지지 않도록 빠르고 조심스럽게 옮긴다.

건포도 빵에 대한 상식을 뒤엎는 최고의 빵

127쪽에서도 소개했던 오카야마현의 와이너리 도멘 텟타의 아키 퀸이라는 포도로 만든다. 건포도를 도멘 텟타의 레드 와인에 절여서 빵으로 탄생시켰다. 일반 건포도의 5배나 되는 크기와 진한 포도의 향을 머금은 과즙이 건포도에 대한 상식을 순식간에 바꿔버렸다.

건포도와 와인 맛이 워낙 훌륭하니, 빵은 최대한 단순하게 만들어야 한다. 히요리 브롯의 식빵 반죽 레시피에 약간의 버터를 더하여 부드러운 식감으로 마무리하고 절인 건포도를 1센티미터 크기로 썰어 넣어 손으로 가볍게 섞는다.

진한 맛의 재료는 원래 많이 넣지 않아야 그 맛의 매력이 산다. 건포도는 밀가루 대비 30퍼센트 정도만 준비해 썰어서 넣는다. 반죽을 너무 주무르는 식으로 하지 말고 건포도의 맛이 잘 어우러진 하나의 빵을 만드는 기분으로, 반죽과 건포도가 적절히 섞일 수 있도록 반죽해야 한다.

포도밭 견학을 시켜준 다카하시 사장.
다른 풀들이 흙 속의 과도한 수분을 조절하고
미생물의 주거지 역할도 해줘서
적절한 공생관계를 유지한다고 한다.

왼쪽이 일반 건포도,
가운데가 뉴피오네,
오른쪽이 아키퀸

재료 탕종

	베이커스 퍼센트	홈베이킹 시 적정량 (가루 200g)
기타노 카오리 (강력분, 에베쓰 제분)	20	40
뜨거운 물	40	80

나무주걱이나 딱딱한 고무주걱으로 섞어 뭉침 없이 골고루 잘 반죽한다. 랩을 씌우고 반죽의 열기가 가시면 냉장고에 넣어 식힌다.

재료 본반죽

	베이커스 퍼센트	홈베이킹 시 적정량 (가루 200g)
☆기타노 카오리 (강력분, 에베쓰 제분)	20	40
☆유메치카라 (강력분, 에베쓰 제분)	60	120
☆오노코로시즈쿠 소금	1	2
☆아마비토노모 소금	1.1	2.2
☆몰트 (동일한 양의 물로 희석한 것)	0.8	1.6
☆인스턴트 드라이이스트	0.05	0.1
☆탕종	전부	전부
☆물	50	100

미도리 버터(무염, 규슈유업)	5	10
건포도(레드 와인에 절인 것)	30	60

* 탕종: 중국의 빵 제조법 중 하나. 밀가루와 물에 열을 가해 겔 상태로 만들어 공기 접촉을 막아 6시간 이상 숙성시킨 후 반죽에 사용한다. 보통 레시피의 10%의 밀가루와 그 5배의 물로 탕종한다.

만드는 법

1 건포도(아키퀸, 도멘 텟타)는 1kg의 양을 400g의 레드 와인(메를로, 도멘 텟타)에 절인다. 일주일 정도 상온에서 재웠다 냉장고에 보관한다. 사용하기 직전에 1cm 정도의 크기로 네모나게 썬다. 이때 씨는 제거한다.

2 본 반죽의 ☆ 표시한 재료를 믹서에 모두 넣고 골고루 잘 반죽한다.

3 반죽이 완성되면 미리 잘게 잘라놓은 찬기가 가신 버터를 넣어 잘 섞는다.

4 마지막에 썰어둔 건포도를 넣고 반죽의 일부를 손으로 떼어 위로 올리는 식으로 골고루 섞이게 반죽한다.

5 20℃ 정도의 발효실에서 15시간가량 1차 발효한다.

6 200g 크기로 잘라 반죽의 끈적이는 면을 안으로 말아 넣듯이 동그랗게 만들어 30분 정도 상온에서 2차 발효한다.

7 반죽 위에 밀가루를 살짝 뿌려주고 칼집을 넣은 다음 상불 250℃, 하불 220℃의 오븐에서 25분간 굽는다. 굽기 전 오븐 안에 분무기 등을 이용해 수분을 채운다.

바게트
히요리 브롯의 시작

바게트는 여전히 나를 괴롭히는 빵이다. 배합을 조금씩 바꾸기도 하고, 발효 시간을 조절하거나 성형을 달리하기도 한다. 단순한 빵일수록 어렵다. 아주 사소한 부분에서 맛의 완성도가 크게 달라져버리기 때문이다.

히요리 브롯에서는 생산자와의 인연에 따라 새로운 빵이 탄생한다. 바게트에 쓰는 밀을 재배하는 무나카타 팜과 알게 되면서 이 레시피를 완성했다. 히요리 브롯은 제빵사가 원하는 빵을 정해놓고 재료 배합을 하지 않는다. 농장에서 그때마다 가장 맛있다고 생각한 식재료를 보내오면 그 재료를 이용해 빵을 만든다. 레시피 만들기는 힘들었지만, 이 바게트를 만들고는 한 끼 식사로도 손색없는 근사한 빵을 만들었다고 생각했다.

이 바게트는 히요리 브롯이 아직 떡잎도 나지 않던 시절 배커라이 콘디토라이 히다카의 작업실에서 만들어진 빵이다. 도매상에서 받아오는 밀가루밖에 몰랐던 나에게 무나카타의 밀가루 유메카오리의 깊고 진한 맛은 충격 그 자체였다.

이 밀가루에 가타라오 마모루 씨의 소금을 더한다. 히다카 셰프가 소개해준 가타라오 씨는 시마네현 오오다시 시즈마정에서 소금을 제조한다. 이 소금을 넣어서 그런지 바게트에서 내 고향 시마네현의 향기를 느낀다.

잔잔한 시즈마해에서 길어 올린 깨끗한 해수와 그곳 바다에서 채취한 대황이라는 해초를 넣고 만든 소금이다. 가타라오 씨가 직접 피운 불길 속에서 시즈마 해안을 지키는 바다신의 가호가 더해져 완성되는 명품 소금이다. 아주 귀한 소금이라 나도 현재는 바게트에만 사용하고 있다.

이 밀가루와 소금으로 식감과 맛의 균형을 고려하여 지금의 레시피를 만들었는데, 몇 년 후에는 전혀 다른 내용으로 발전할지도 모른다.

재료

	베이커스 퍼센트	홈베이킹 시 적정량 (가루 200g)
유메카오리 (준강력분, 무나카타 팜)	50	100
니시노 카오리 (준강력분, 평화제분)	25	50
몽스틸 (준강력분, 아그리 시스템)	25	50
시즈마노모 소금	2	4
몰트 (동일한 양의 물로 희석한 것)	0.8	1.6
인스턴트 드라이이스트	0.03	0.06
간수	1	2
물	77	154

만드는 법

1 밀가루와 인스턴트 드라이이스트를 볼에 넣고 잘 섞는다. 소금과
   몰트, 간수는 물에 풀어 잘 저어서 녹인다.

2 밀가루가 담긴 볼에 분량의 물을 전부 붓고 주로 쓰는 손으로 젓는다. 물과 가루가 튀김옷과 비슷한 묽기로 어느 정도 섞였다면 반대편 손으로 볼을 돌리면서 반죽을 섞던 손으로 볼 바닥에 깔린 가루를 뒤집듯이 전체적으로 섞는다.

3 가루가 흐트러지지 않고 전체적으로 골고루 섞이면 볼과 손에 붙은 반죽을 카드(드렛지)로 깨끗하게 긁어내 반죽을 정리한다. 이때는 다소 질척거려도 상관없다. 너무 많이 섞지 않도록 주의할 것.

4 15분 정도 잠시 놔두었다가 카드로 볼 바닥에 붙은 반죽을 위로 잡아당기듯이 펀치하는데, 볼을 조금씩 돌려가며 한 바퀴 정도 계속 펀치한다.

5 그대로 15분쯤 두었다가 4와 같이 한 번 더 펀치한다. 그러면 반죽 전체에 윤기가 돌면서 한 덩어리로 잘 뭉쳐진다. 여기서도 너무 많이 펀치하지 않도록 주의할 것.

6 20℃ 정도의 발효실에서 17시간가량 1차 발효한다.

7 200g 크기로 분할하여 둥글린 다음 10분 정도 그대로 둔다. 오믈렛을 만들 때 달걀에 올린 가운데 내용물을 덮어서 말아주는 느낌으로 반죽을 반으로 접으면서 둥글리면 좋다.

8 바게트 모양으로 성형하고 15~20분 정도 반죽을 잠시 휴지한다. 표면이 살짝 건조해질 때까지 둔다.

9 칼집을 넣은 다음 상불 250℃, 하불 230℃의 오븐에서 27분 동안 굽는다. 굽기 전 오븐 안에 분무기 등을 이용해 수분을 채운다.

일본된장과 미림으로 만든 빵

일본 발효식품의 진가를 느낄 수 있는 빵

　빵은 발효식품이다. 이를테면, 치즈나 와인처럼 무슨 균을 어떤 환경에서 배양하는지에 따라 빵의 맛이 달라진다. 저온 장시간 발효의 창시자인 스승 시가 셰프의 영향으로 내가 만드는 빵도 그분께 배운 방식을 기본으로 한다. 효모를 적게 넣고 낮은 온도에서 오랫동안 발효하면 효소분해로 전분질이 당으로 바뀐다. 그래서 효모는 발효 전에 넣었을 때보다 훨씬 달콤해지고 완성된 빵에는 감칠맛이 남는다.

　시니피앙 시니피에에서는 여러 종류의 효모를 섞어서 빵을 만들기 때문에 다양한 향과 감칠맛이 어우러져 그만의 독특한 맛이 탄생한다. 히요리 브롯에서도 이렇게 하고 싶지만, 무슨 일을 하건 나 혼자서 해야 한다. 여러 종류의 효모를 배양하고 싶어도 식재료 여행 때문에 쉽게 만들 수 없다. 그래서 생각해낸 방법이 바로 일본의 훌륭한 발효식품의 힘을 빌리는 것이었다.

　일본된장과 미림도 발효식품이다. 효고현의 아다치 양조와 아이치현 헤키난시의 스미야 분지로角谷文治郎 상점은 모두 역사가 100년이 넘는 회사들이다. 천연양조로 만들어진 아다치 양조의 쌀누룩 된장과 스미야 분지로 상점의 미카와三河 미림. 두 제품 모두 최고의 저온 장시간 발효식품이다. 이 두 재료를 함께 넣었으니 맛이 없을 수가 없다. 공장에 들를 때마다 오랜 역사와 장인들의 완벽한 솜씨에 반한다.

재미난 일화가 있다. 히요리 브롯의 작업실을 찾는 분들은 하나같이 입을 모아 향기가 좋다고 말한다. 빵을 굽지 않을 때도 향이 그 자리에 그대로 배어 있어서다. 정작 나는 잘 느끼지 못한다. 희한하게도 아다치 양조와 스미야 분지로 상점 그리고 그밖에 발효음식을 만드는 관계자 분들도 같은 이야기를 했다. 공장에 견학을 가면 좋은 향기가 계속 나는데도 본인들은 의아하다는 표정을 짓는다. 장인들의 피부와 몸속에도 발효균이 살고 있는 것은 아닐까?

재료

	베이커스 퍼센트	홈베이킹 시 적정량 (가루 200g)
☆후쿠이산 밀로 만든 전립분(우무 농원)	30	60
☆니시노 카오리 (준강력분, 평화제분)	20	40
☆E65 (준강력분, 에베쓰 제분)	30	60
☆몽스틸 (준강력분, 아그리 시스템)	20	40
☆오노쿠로시즈쿠 소금	0.8	1.6
인스턴트 드라이이스트	0.05	0.1
☆미카와 미림	5	10
☆꿀	5	10
☆쌀누룩 된장 (아다치 양조)	15	30
☆우유	20	40
☆물	55	110
캐슈넛	30	60
흰깨	5	10

1 캐슈넛은 살짝 덖어서 20분 정도 물에 담가두었다가 건져 채반에서 물기를 뺀다. 캐슈넛을 물에 담가두어야 반죽이 수분을 뺏기지 않아 퍼석거리지 않는다.

2 ☆ 표시한 재료를 믹서에 넣고 반죽한다. 반죽이 한 덩어리로 잘 뭉치면 캐슈넛과 흰깨를 넣고 잘 섞는다.

3 20분 뒤에 다시 한번 반죽을 정리하면서 가볍게 펀치한다.
   ※ 반죽의 탄력을 높이기 위한 과정이다.

4 20℃ 정도의 발효실에서 17시간가량 1차 발효한다.

5 200g 크기로 잘라서 짧은 막대 모양으로 성형한다.
   ※ 성형이 끝나면 2차 발효 없이 바로 굽기 때문에 성형하면서 들어간 가스가 최대한 빠지지 않도록 한다.

6 반죽 위에 밀가루를 살짝 뿌리고 칼집을 넣은 다음 상불 250℃, 하불 230℃의 오븐에서 27분 동안 굽는다. 굽기 전 오븐 안에 분무기 등을 이용해 수분을 채운다.

7 15분쯤 지나면 빵을 철망 쪽으로 옮겨서 나머지 시간 동안 더 굽는다.
   ※ 미림, 꿀, 된장은 쉽게 타는 재료이니 바닥이 타지 않게 철망으로 옮겨서 굽는다.

119쪽에서도 소개했던 한다 씨의 우엉을 활용한 빵이다. 초기에 만든 레시피 중 하나인데, 정말 좋아하는 메뉴라서 이제는 가을과 겨울에 계절상품으로 선보이고 있다.

한다 씨는 자연재배로 우엉을 키우고 있다. 그와의 만남 이후로 농장에 찾아가 김매기를 하면서 조용히 이야기를 듣다 보면 농사란 무엇인지 생각하게 된다. 결국 농사는 농작물이 아니라 지구 전체를 다루는 일이라는 사실이 조금씩 와닿는다.

자연재배는 땅의 힘을 최대한 끌어내 자연스럽게 순환하는 에너지 안에서 농작물을 키우는 과정이다. 땅이 필요로 하지 않는 영양분을 인위적으로 공급하지 않아 생명력 강한 농작물이 탄생한다는 것이 내

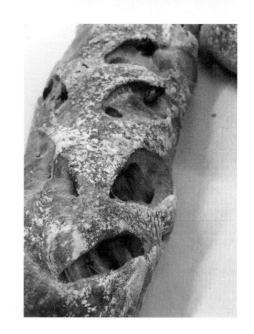

결론이다.

사람이 약이나 영양보조식품에 의존하지 않고 적당한 운동과 제철 음식을 갖춘 식단 그리고 규칙적인 생활을 통해 건강을 찾아가는 과정과 같은 이치다. 이렇게 농작물을 키우려면 상상 이상의 세심한 보살 핌이 필요하다. 끝이 보이지 않는 김매기 작업도 맛있는 우엉을 수확하려면 꾸준히 해야 하는 꼭 필요한 과정이다.

달짝지근함이 감도는 맛이 한다 우엉의 가장 큰 특징이다. 우엉 포타주를 연상하면서 레시피를 만들었는데, 설탕을 전혀 넣지 않았지만 은은한 달콤함이 느껴진다. 이렇게 설명하니 우엉 빵이 또 먹고 싶다.

재료

	베이커스 퍼센트	홈베이킹 시 적정량 (가루 200g)
☆유메카오리 (준강력분, 무나카타 팜)	20	40
☆기타노 카오리 (강력분, 에베쓰 제분)	20	40
☆미나미노 메구미 (MINAMI NO MEGUMI) (강력분, 도쿠라戶슐 상사)	60	120
☆오노쿠로시즈쿠 소금	20	40
☆몰트 (동일한 양의 물로 희석한 것)	0.8	1.6
☆인스턴트 드라이이스트	0.08	0.16
☆쌀누룩 된장 (아다치 양조)	5	10
☆우유	20	40
☆물	60	120
버터	5	10
우엉	50	100

1 우엉은 껍질을 벗기지 않고 어슷썰기, 돌려썰기, 통썰기의 여러 모양으로 썰어 잘 섞은 다음 그 위에 소량의 버터를 올려 오븐에서 살짝 익힌다. 다양한 모양으로 썬 우엉이 식감을 더욱 재미있게 한다. 한다 우엉은 쓴맛 제거가 따로 필요 없다. 우엉의 열기가 가시면 수분이 날아가지 않도록 랩을 씌운다.
   ※ 단맛이 배어나올 때까지 잘 익히는 것이 중요하다. 히요리 브롯의 오븐으로는 20분쯤. 오븐에 분무기 등으로 수분을 채우고 굽는다.

2 ☆ 표시한 재료를 믹서에 넣고 반죽한다. 반죽이 한 덩어리로 잘 뭉치면 버터를 넣고 골고루 배어들게 반죽한다. 우엉을 넣은 후 반죽의 일부를 손으로 떼어 위로 올리는 식으로 잘 섞이게 반죽한다.

3 20분 뒤에 다시 한번 반죽을 정리하면서 가볍게 펀치한다.
   ※ 반죽의 탄력을 높이기 위한 과정이다.

4 15℃ 정도의 발효실에서 14시간가량 1차 발효한다.

5 200g 크기로 잘라서 바게트 모양으로 성형한다.
   ※ 성형이 끝나면 2차 발효 없이 바로 굽기 때문에 성형하면서 들어간 가스가 최대한 빠지지 않게 한다.

6 반죽 위에 밀가루를 살짝 뿌리고 칼집을 넣은 다음 상불 250℃, 하불 230℃의 오븐에서 27분 정도 굽는다. 굽기 전 오븐 안에 분무기 등을 이용해 수분을 채운다.

라벤더 빵

엄선한 밀로 만든 브리오슈

풍부하고 진한 맛의 브리오슈도 훌륭하지만, 나는 조금 더 가볍고 산뜻한 느낌의 브리오슈를 좋아한다. 그래서 만든 것이 라벤더 빵이다.

작업실 안을 둘러보니 브리오슈를 만들 수 있는 맛있는 재료들은 모두 준비되어 있었다. 조심스럽게 퍼즐 조각을 맞춰나가는 기분으로 완성한 이 레시피는 라벤더 말고도 감귤 필이나 카시스 오렌지를 넣고 구워도 잘 어울려서 히요리 브롯의 만능 메뉴로 등극했다.

브리오슈를 만들 때 사용하는 밀가루인 하루키라리는 홋카이도 도카치의 마에다 농산에서 주문한 제품이다. 시니피앙 시니피에 시절 처음으로 알게 된 밀 농장이 마에다 농산이었다. 넓은 밀밭에서 안정적인 국내산 제빵용 밀을 키우기 위해 대표인 마에다 씨는 제빵사의 의

견을 하나하나 경청하고 다음 해 농사에 반영한다. 토양분석과 대형 농기계, 선진 농법으로 생산하니 양과 질 모두 믿을 수 있는 농장이다. 2017년에 처음으로 농장을 방문했는데 높이 쌓인 바구니에 포대도 씌우고, 건담을 연상시키는 커다란 콤바인의 유리창 청소도 하면서 난생 처음 해보는 다양한 일을 경험했다. 이렇게 큰 규모의 농장이 있어서 국내산 밀로 빵을 만들 수 있구나 하고 새삼 감탄했다.

브리오슈의 재료를 배합하는 데 있어 맛과 식감에 가장 큰 영향을 주는 것이 바로 유제품과 달걀이다. 단바유업의 우유를 사용한 자체제작 요구르트와 아시다 폴트리의 탱탱한 달걀은 입안에서 사르르 녹는 깔끔한 하루키라리의 맛과 잘 어울린다.

재료

	베이커스 퍼센트	홈베이킹 시 적정량 (가루 200g)
☆유메치카라 (강력분, 에베쓰 제분)	50	100
☆하루키라리 (강력분, 마에다 농산)	40	80
☆호밀가루(고운 입자, 시라카미 아그리 서비스)	10	20
☆오노쿠로시즈쿠 소금	1.6	3.2
☆첨채당	10	20
☆인스턴트 드라이이스트	0.13	0.26
☆전란(달걀 흰자와 노른자를 섞은 것)	10	20
☆요구르트	40	80
☆물	30	60
버터	20	40
첨채당	10	20
라벤더	0.4	0.8

1 라벤더는 허브티용 건조 라벤더를 사용하고 동일한 양의 물에 담가둔다.

2 ☆ 표시한 재료를 믹서에 넣고 반죽한다. 반죽이 한 덩어리로 잘 뭉치면 믹서를 저속으로 낮추고 버터를 차가운 상태에서 얇게 썰어 반죽에 넣는다.

3 버터가 녹아 다시 반죽이 하나로 뭉치면 첨채당을 넣는다.

4 마지막에 라벤더를 넣고 잘 섞는다.

5 20분 뒤에 다시 한번 반죽을 정리하면서 가볍게 펀치한다.

6 15℃ 정도의 발효실에서 15시간가량 1차 발효한다.

7 200g 크기로 분할해서 짧은 막대 모양으로 성형하고 철판 위에 나란히 놓는다.

8 1~2시간 정도 17℃의 발효실에서 2차 발효한다. 이스트의 양이 많은 배합이라 실온에서도 반죽 상태가 쉽게 변할 수 있으니 중간에 손으로 만져보면서 확인한다.

9 살짝 건조된 표면을 가위로 군데군데 잘라내고 상불 230℃, 하불 210℃의 오븐에서 22분 정도 굽는다. 굽기 전 오븐 안에 분무기 등을 이용해 수분을 채운다.

10 다 구워지면 가볍게 충격을 주어서 떼어내고, 즉시 철판에서 식힘망으로 옮긴다.

사과 건포도 빵

한곳에서 자란 호밀과 사과의 진한 풍미

131쪽에서 소개한 아오모리현 시라카미 아그리 서비스의 아름다울 정도로 고운 호밀가루와 건사과로 만든 빵이다. 이벤트에서 우연히 만나 빵을 만들어준 인연으로 히요리 브롯에서 사용하는 호밀가루는 이후 줄곧 시라카미 아그리 서비스에서 주문한다.

생각보다 밀 자체는 워낙 잘 자라서 어려움이 없지만, 수확한 다음의 제분 과정에서 상당한 시간과 노력 그리고 비용이 든다고 한다. 수요가 늘어 생산량이 많아지면 비용도 분산되어 수익이 줄어든다는 것이다.

제빵사 입장에서 나는 참 복 받은 사람인 것 같을 때가 있다. 호밀 재배를 시도한 농장주와 만나 맛이 어떻고 제분이 어떻고 하는 이야기를 나누며, 내가 만든 빵을 함께 먹고 또 그 빵이 그다음 해의 인연까지 계속 만들어주니 말이다.

재료 배합에서 이 농장의 호밀가루는 10퍼센트밖에 사용하지 않는다. 그렇지만 다른 밀가루도 비교적 단백질 함량이 낮은 준강력분 제빵용 밀가루를 사용하기 때문에 호밀의 맛은 제대로 느낄 수 있다. 같은 곳에서 같은 농장주가 키운 밀가루와 속재료(사과)는 역시나 환상적인 궁합인 듯싶다.

시라카미 아그리 서비스의 건사과와
고운 호밀가루로 완성한
사과 건포도 빵

재료

	베이커스 퍼센트	홈베이킹 시 적정량 (가루 200g)
☆호밀가루(고운 입자, 시라카미 아그리 서비스)	10	20
☆몽스틸 (준강력분, 아그리 시스템)	30	60
☆유메카오리(준강력분, 무나 카타 팜)	40	80
☆E65 (준강력분, 에베쓰 제분)	20	40
☆아메드 소금	1.9	3.8
☆몰트 (동일한 양의 물로 희석한 것)	0.8	1.6
☆인스턴트 드라이이스트	0.03	0.06
☆르방 액종(밀을 발효시킨 자체제작 천연효모)	1	2
물	78	156
매실주에 절인 건사과	40	80
건포도	20	40

만드는 법

1 건사과에 니시야마 주조장의 바이신슌쥬梅申春秋라는 매실주를 절반 정도 붓고 건사과를 넣어 절인다. 일주일 정도 상온에서 절여 냉장고에 보관한다.

2 건포도는 20분 정도 물에 담갔다가 건져 채반에서 물기를 뺀다.

3 ☆ 표시한 재료를 믹서에 넣고 반죽한다. 반죽이 잘 뭉치면 속재료를 감쌀 겉반죽을 가루 1kg에 600g 정도 비율로 떼어놓는다(가루 200g에는 120g).

4 나머지 반죽에 사과와 건포도를 넣고 반죽의 일부를 손으로 떼어 위로 올리는 식으로 잘 섞이게 반죽한다.

5 20분 뒤에 속재료를 넣은 반죽을 다시 한번 정리하면서 가볍게 편 치한다.

6 20℃정도의 발효실에서 17시간가량 1차 발효한다.

7 겉반죽 50g, 속반죽 150g으로 분할하고, 겉반죽은 만두피처럼 얇게 펴서 짧은 막대 모양으로 성형한 속반죽을 감싼다.

8 그대로 상온에서 15분 정도 둔다.

9 반죽 위에 가볍게 밀가루를 뿌리고 칼집을 넣은 다음 상불 250℃, 하불 230℃의 오븐에서 27분 정도 굽는다. 굽기 전 오븐 안에 분무기 등을 이용해 수분을 채운다.

2018년 10월이면 히요리 브롯이 3주년을 맞는다. 혼자서 가게를 꾸려나갈 생각을 하면서도 언젠가는 결혼이라는 것도 하게 되지 않을까 그저 막연하게 생각했는데, 2018년 1월 같은 제빵 일을 하는 사람과 계획에 없던 결혼을 하게 되었다.

남편이 보낸 한 통의 메일로 인연이 시작되었다. 각각 다른 모임에 속해 있던 세 명의 지인들이 거의 동시에 "너처럼 여행하는 제빵사를 한 명 더 알고 있는데 너희 둘, 분명히 잘 맞을 거야."라며 한 남자를 소개해주었던 것이다. 그리고 그 남자가 관심을 갖고 내게 연락을 해왔다.

"나중에는 직접 밀을 키워서 장작 가마로 빵을 굽고 싶어."

남편은 밀에 대한 자기만의 철학이 있는 사람이었다. 전기 가마를 사용하면서 상업적인 빵 만들기를 해오던 나와는 달리, 자연의 일부로 살아가는 일상의 흐름 안에서 빵을 굽고 싶다고 했다. 똑같은 빵을 가지고도 이렇게나 다른 세상을 보고 있다는 사실이 흥미로웠다. 그렇게 서로의 생각을 열심히 공유하다 어느새 결혼까지 하게 되었다. 사람의 인생이란 참 모를 일이다.

결혼 전까지 다락방 같은 셰어하우스에서 생활하다가 가게를 차리고 싶다는 남편의 의견을 받아들여 산으로 둘러싸인 단바 지역에 홀로 고즈넉이 자리한 집 한 채를 빌리기로 했다. 마치 빵집이 되기 위해 지어진 것 같은 우리 집은, 차로 집 주변을 한 바퀴 빙 돌아나가면 드라이브 스루drive thru를 할 수 있다. 집 앞에는 아이들과 애완동물들이 마음껏 뛰어놀 수 있을 정도로 넓은 잔디가 펼쳐져 있다. 고객이 빵을 사러 와서 한숨 돌리고 갈 잠깐의 휴식공간으로도 쓸 만한 공간이다.

지금은 장작 가마를 만들 준비를 하고 있어서 남편이 빵집 마키비노薪火野를 본격적으로 열기까지는 아직 조금 더 시간이 걸린다. 현재 남편은 자금을 모으려고 직장에 다니고 있고, 한 달에 한 번씩 빵을 구우면서 개업 준비도 하고 있다. 나는 지금 우리 집 생활의 기반을 담당한다. 부부가 함께하는 빵 판매 이벤트인 '마키

비노 비요리 まきびのびより('마키비노'와 '히요리'를 합쳐 부른 것)'를 열기도 하면서 조금씩 제빵사 부부로서의 인생을 시도해보고 있다.

이 책을 읽은 독자 분들이라면 눈치챘겠지만 내 인생은 누군가의 제안에 모든 것을 걸어보는 모험의 연속이었다. 그리고 그 속에서 많은 변화와 기회를 맞이할 수 있었다. 그때마다 내 능력보다 큰 에너지를 발휘할 수 있었고, 설레는 마음에서 새로운 아이디어가 샘솟았다.

이것이 꼭 나만의 이야기라고는 생각하지 않는다. 우리 모두의 이야기가 될 수 있다. 내가 보는 내 모습은 자신이 가진 가능성의 작은 일부에 지나지 않는다. 오히려 주변 사람들이 자신의 객관적인 가치나 가능성을 더 잘 알아본다. 무심코 해준 조언이 새로운 인생의 길을 열어주기도 한다.

이 책도 전 직장 동료이자 현재 작가로 활동 중인 다나카 루미 씨가 내 이야기를 책으로 만들어보고 싶다는 제안에서 시작했다. 말도 안 돼, 내가 책을 내다니. 혹시 꿈을 꾸고 있는 것은 아닌지 아직도 믿기지 않는다. 루미 씨와는 지금 생각하면 창피하기 그지없던 세상물정 모르는 사회인 1년차에 같은 영업팀에 소속되어 함께 회사생활을 했고, 거의 비슷한 시기에 퇴사했다. 그 후로 10년 동안 각자의 커리어를 쌓아온 우리가 드디어 만나 함께 일하게 되다니, 신기하면서도 뿌듯했다. 한번 해보자는 쪽으로 마음이 움직였다.

자신의 인생을 돌아보는 것이 생각보다 쉽지는 않았다. 필사적으로 앞으로 나아가려고만 했던 내가 잠시 멈춰서서 과거를 돌아보며 성장하지 못한 내 모습을 확인하고 불안과 조바심만 느끼게 되는 것은 아닐까. 애초에 나란 존재를 스스로 인정하고 받아들일 수는 있을까. 갈등도 많았다. 그런 나를 돌아볼 수 있게 하고 거듭되는 취재에도 인내심을 발휘해 한 권의 책으로 만들어준 루미 씨에게 고맙다는 말을 전하고 싶다.

자, 이제 다시 앞으로 나아갈 시간이다. 이 책을 선택해준 독자 여러분의 인생에도 '무언가 시작하기 좋은 날'들이 가득하기를 바란다.

히요리 브롯에서
쓰카모토 쿠미

달을 보며
빵을 굽다

초판 1쇄 발행 2019년 1월 9일
초판 3쇄 발행 2020년 10월 30일

지은이 쓰카모토 쿠미
옮긴이 서현주

발행인 김기중
주간 신선영
편집 고은희, 정은미
마케팅 김신정
경영지원 홍운선
펴낸곳 도서출판 더숲
주소 서울시 마포구 동교로 150, 7층 (04030)
전화 02-3141-8301~2
팩스 02-3141-8303
이메일 info@theforestbook.co.kr
페이스북·인스타그램 @theforestbook
출판신고 2009년 3월 30일 제2009-000062호

ISBN 979-11-86900-76-5 03300

이 도서의 국립중앙도서관 출판예정도서목록(CIP)은 서지정보유통지원시스템 홈페이지(http://
seoji.nl.go.kr)와 국가자료공동목록시스템(http://www.nl.go.kr/kolisnet)에서 이용하실 수 있습니다.
(CIP제어번호: CIP2018042779)